El Acantilado, 484

DIARIO DE BERLÍN

ARNOLD SCHÖNBERG

DIARIO DE BERLÍN

Y «HOMENAJE A SCHÖNBERG» DE JOSEF RUFER

PRÓLOGO DE JOSEF RUFER

TRADUCCIÓN DEL ALEMÁN
DE ROBERTO BRAVO DE LA VARGA

BARCELONA 2024 ACANTILADO

TÍTULO ORIGINAL *Berliner Tagebuch*

Publicado por
ACANTILADO
Quaderns Crema, S. A.

Muntaner, 462 - 08006 Barcelona
Tel. 934 144 906
correo@acantilado.es
www.acantilado.es

En la cubierta, *Puente de Schilling sobre el Spree en Berlín* (1912),
de Hermann Rückwardt

ISBN: 978-84-19958-21-1
DEPÓSITO LEGAL: B. 14328-2024

AIGUADEVIDRE *Gráfica*
QUADERNS CREMA *Composición*
ROMANYÀ-VALLS *Impresión y encuadernación*

PRIMERA EDICIÓN *septiembre de 2024*

CONTENIDO

PRÓLOGO

por JOSEF RUFER

Arnold Schönberg pasó tres largas temporadas en Berlín: desde mediados de diciembre de 1901 hasta julio de 1903, desde finales de septiembre de 1911 hasta el verano de 1915 y desde principios de 1926 hasta mayo de 1933, esta última como profesor de la Academia de las Artes de Prusia, donde sucedió a Ferruccio Busoni al frente de la clase magistral de Composición que éste había ofrecido hasta entonces.

Durante su segunda estancia en Berlín, Schönberg escribió un diario, el único que llevó por lo que sabemos. Lo encontré en Los Ángeles, mientras estudiaba su legado, que en 1974 pasó a manos de la Universidad del Sur de California. Schönberg utilizó cuadernos de hojas blancas de unos veinte centímetros de ancho por treinta y tres de alto, donde anotaba sus vivencias, sentimientos y reflexiones.

Las entradas comienzan el 20 de enero de 1912 y terminan el 13 de marzo de ese mismo año. Se abre entonces un paréntesis que se extiende hasta el 23 de octubre de 1912. A partir de ese día parece que Schönberg interrumpió su diario. Existe un apéndice fechado el 24 de mayo de 1915 en una hoja aparte y sin numerar, pero con el mismo formato que el resto.

A pesar de su brevedad, el diario traza una semblanza de las personas y de los artistas con los que trató en un momento de especial importancia para su carrera, cuando estaba componiendo *Pierrot lunaire*. Dejando a un lado tres acontecimientos estrictamente privados que tuvieron lugar durante esos meses y no aportan nada relevante a la figura de Schönberg, el texto se ha reproducido íntegramente, adaptando la ortografía y la puntuación a la norma actual. El número de notas se ha ajustado cuidadosamente para mantenerlo dentro de unos límites razonables.

De la época en la que impartía docencia en Berlín proviene una introducción a la ópera cómica *De hoy a mañana* redactada en hojas sueltas, de veintidós centímetros y medio de ancho por veintinueve de alto, escritas por una sola cara, en parte con tinta y en parte a lápiz. El manuscrito se conserva en el Departamento de Música de la Biblioteca Estatal de Berlín. Esta introducción precedió a la emisión de la ópera por parte de la emisora radiofónica Funk-Stunde Berlin, que él mismo dirigió. Su estreno había tenido lugar poco antes, el primero de febrero de 1930, en la Ópera de Fráncfort, bajo la dirección de William (Hans Wilhelm) Steinberg.

El presente volumen contiene además mi «Homenaje a Schönberg», un intento de honrar al hombre, al músico y al maestro, en agradecimiento por lo que viví y aprendí a su lado como discípulo desde enero de 1919, como su asistente desde 1926 hasta mayo de 1933, y como amigo y confidente estrechamente unido a él hasta su muerte.

Berlín, enero de 1974

DIARIO DE BERLÍN

(ENERO DE 1912 - MAYO DE 1915)

20 de enero de 1912 Por fin he empezado. Hace mucho que me lo había propuesto. Pero no podía quitarme de la cabeza la idea de que antes tenía que recoger algunos recuerdos de lo que ha sido mi vida hasta ahora. Así he perdido diez años o incluso más. Pero vamos allá. Me he propuesto engañarme a mí mismo convenciéndome de que reservaré un tiempo a diario para anotar muy brevemente lo que ha ocurrido.

Pues bien, ayer por la noche estuve en el concierto de Fried.[1] Hasta ahora, las composiciones de Busoni no me habían gustado.[2] Pero la *Berceuse* [*élégiaque*] me agradó mucho. Una pieza realmente conmovedora, llena de sentimiento. He sido muy injusto con él, ¡como con tantos! Fried, en cambio, me gusta cada vez menos, sólo le preocupa complacer al público. Desde que mi trato con él se ha vuelto más frío, no hace más que reclamar mi atención, pero yo no le hago caso. Luego conocí a Kusevitski.[3] Gutmann insistió en presentármelo.[4] Tiene la intención de estrenar el *Peleas* en San Petersburgo y en Moscú el próximo

[1] Oskar Fried (1871-1941), director de orquesta.

[2] Ferruccio Busoni (1866-1924), compositor y pianista. Entre 1920 y 1924 se encargó de impartir una de las tres clases magistrales de composición de la Academia de las Artes de Prusia, en Berlín.

[3] Serguéi Alexándrovich Kusevitski (1874-1951), director de orquesta y fundador de la Editorial Musical Rusa. Vivió en Moscú, París y, entre 1924 y 1949, en Boston.

[4] Emil Gutmann, agente de conciertos en Múnich y en Berlín.

año.[1] Estaría muy bien, ¡ojalá resulte! En cualquier caso, desde que ha empezado el año no dejan de interesarse por mi obra en el extranjero. Además, según me ha dicho K., dentro de dos semanas se interpretará en San Petersburgo mi *Cuarteto n.º 2*.

También conocí a Van Düren,[2] debe de ser una persona muy interesante, ha conseguido despertar mi curiosidad. Me visitará para mostrarme sus composiciones. Después del concierto acudí con Gutmann, Hertzka, Webern y Clark al Heidelberger Restaurant.[3]

Gutmann desbordaba optimismo. ¡Juró (¡!) que en otoño llevaría a escena los *Gurrelieder*! Ya lo veremos. Hertzka estaba radiante. En el concierto también tuve ocasión de hablar con Petri.[4] Blando. Va a interpretar mis *Lieder* y las *Piezas para piano* (el día 28). No puedo decir que me disguste, pero no acaba de convencerme. He preguntado a Busoni si puede tocar el piano en las *Piezas para orquesta*.[5] Ha dicho que no, por falta de tiempo (es obvio que no tenía ga-

[1] *Peleas y Melisande*, op. 5, poema sinfónico para orquesta compuesto por Arnold Schönberg.

[2] Schönberg escribe Van Düren por error sistemáticamente. Se trata de Bernhard van Dieren (1887-1936), compositor. Fue discípulo de Busoni.

[3] Emil Hertzka, dueño y director de Universal Edition, Viena, editorial donde aparecieron la mayoría de las obras de Schönberg. Anton Webern (1883-1945), compositor y director de orquesta. Discípulo de Schönberg entre 1904 y 1908. Edward Clark, presidente de la Internationale Gesellschaft für Neue Musik, IGNM (Sociedad Internacional de Música Contemporánea), cargo en el que sucedió a Edward Dent (1876-1957). Fue discípulo de Schönberg.

[4] Egon Petri (1881-1962), pianista, fue discípulo de Schönberg.

[5] *Cinco piezas para orquesta*, op. 16. Erwin Stein (1885-1958), director de orquesta y musicógrafo, discípulo de Schönberg, hizo un arreglo para dos pianos a ocho manos que se presentó en Berlín a comienzos de 1912 en un concierto con obras de Schönberg.

nas). Y, como él no quiere, Petri tampoco. ¡Vaya maestrucho! Me buscaré a otros.

Domingo, 21 de enero Hoy, el correo ha traído buenas noticias (las primeras desde hace mucho): Peters ha aceptado publicar mis *Piezas para orquesta*, op. 16.[1] Los honorarios no son gran cosa, ¡pero se trata de Peters! Es un paso decisivo, ¡por fin mi obra verá la luz! Marschalk se ha puesto en contacto conmigo nuevamente.[2] Debe de tener intereses ocultos, es evidente que ha estado tratando con Hertzka sobre mi producción y la suya. Le he preguntado a Hertzka si le interesan las cinco obras que no tengo comprometidas, pero será la última vez. También se las he ofrecido a Tischer und Jagenberg.[3] No creo que esté siendo injusto, porque mi intención no es vender mi música al mejor postor, todo lo contrario. De hecho, los honorarios que espero de Hertzka no son tan altos, pero, si acepta, firmaré con él sin esperar la respuesta de T. und J. Sólo lo hago para ganar tiempo.

Esta mañana he recibido una noticia desagradable: la señora Simon-Herlitz[4] no tocará el armonio en mi concierto.[5]

[1] Edition Peters, una de las editoriales musicales más reputadas de Alemania. Schönberg se refiere a sus dueños como los Henrichsen, pero comete un error; se trata en realidad de Walter y Heinrich Hinrichsen.

[2] Max Marschalk (1863-1940), crítico musical, compositor y propietario de Dreililien Verlag, editorial de Berlín donde aparecieron las primeras obras de Schönberg.

[3] La editorial musical Tischer und Jagenberg tenía su sede en Colonia.

[4] Esposa de James Simon (1880-1944), compositor y pianista, profesor del conservatorio Klindworth-Scharwenka, de Berlín.

[5] Los detalles del programa de este concierto no han llegado a comprobarse.

Sugiere que la sustituya Kämpf.[1] Es un problema tener que buscar a alguien en el último momento. Winternitz tampoco ha confirmado su participación.[2] Por la tarde, más disgustos. Webern no estará en Berlín el 5 de marzo, el día en que Rosé interpretará mi *Cuarteto n.º 1*.[3] Lo siento porque es el único amigo que conoce la obra, el único que le ha brindado una calurosa acogida. Se marcha a Viena para escuchar la *Sinfonía n.º 8* de Mahler. A mí también me gustaría. Pero demuestra que el afecto que me profesa no es tan profundo como me ha hecho creer. Esta noche lo he hablado con Mathilde,[4] hemos discutido y ahora estamos medio enfadados. Me parece que está llevando las cosas demasiado lejos. Debe de tener motivos para ajustar cuentas con Webern. Le he recordado que yo tampoco me porté bien con Mahler en su momento, que los padres tratan mal a sus hijos y los hijos a sus padres, que el bien es una abstracción y no podemos convertirlo en un valor absoluto, que no existen personas íntegras e intachables, y que no estoy dispuesto a olvidar la ayuda que me ha prestado Webern en otras ocasiones. Pero ella no lo quiere reconocer. Se muestra obstinada y no atiende a razones.

[1] Karl Kämpf (1874-1950), compositor y director de orquesta.

[2] Marta Winternitz-Dorda, cantante de la Ópera del Estado de Hamburgo.

[3] Arnold Rosé (1863-1946), fundador del Cuarteto Rosé y concertino de la Orquesta Filarmónica de Viena. La agrupación estrenó varias obras de Schönberg como el *Cuarteto de cuerda n.º 1*, op. 7, el *Cuarteto de cuerda n.º 2*, op. 10, y con la colaboración de algunos de los miembros de la Filarmónica, la *Sinfonía de cámara n.º 1*, op. 9, y el sexteto de cuerda *Noche transfigurada*, op. 4.

[4] Mathilde von Zemlisnky, esposa de Schönberg.

22 de enero He estado ensayando con Petri. Realizará una magnífica interpretación. Por lo menos, en lo que se refiere al piano. Si entro a valorar el conjunto, debo decir que va demasiado rápido o, más bien, que se apura demasiado. Es lo que le decía a Webern: a mi música hay que darle tiempo, no es para gente que tiene otras cosas que hacer. En cualquier caso, no deja de ser un enorme placer escuchar tocar a un músico que domina la técnica a la perfección. Parece que el concierto será muy hermoso. Espero lo mejor de las *Piezas para orquesta* a ocho manos. Llegué un cuarto de hora tarde a la conferencia [es probable que Schönberg la pronunciara antes del concierto, a modo de introducción]. Busoni acudió con su mujer y su hijo. Este último y Van Düren (al igual que Clark) estuvieron también con Petri. Van Düren (¿Dürer?) parece simpático. Está claro que su música tiene cierta afinidad con la que yo compongo por la armonía, aunque es muy distinta en lo que respecta al ritmo y a la forma. No había preparado la conferencia, pero no salió del todo mal, aunque perdí el hilo de manera preocupante en más de una ocasión y no terminé de desarrollar parte de lo que llevaba apuntado. Estaba rendido de cansancio porque Görgi se había pasado la noche entera llorando por unos sabañones que le han salido.[1] No obstante, conseguí exponer y razonar con bastante claridad mi idea del «recitativo *obbligato*» (es curioso que olvidara mencionar su nombre), aunque no llegué a desarrollar todos sus aspectos. El concepto es más profundo: lo inefable se expresa mediante una forma libre [el recitativo], en la que se aproxima a la naturaleza, que también es incomprensible y, sin embargo, existe en realidad. Webern estuvo conmi-

[1] Apelativo cariñoso de Georg, hijo de Schönberg y su esposa Mathilde von Zemlinsky.

go, pero hoy no disfruté demasiado de su compañía. Cuando se dio cuenta de que estaba molesto con él, moderó un poco su sarcasmo natural.

Mañana será el ensayo con los tres virtuosos del piano. Webern me pidió que no lo pusiera en evidencia con mis críticas, ¡como si lo hubiera hecho alguna vez! Me niego a callar sobre aquello que considero importante para la interpretación. Me he quedado muy sorprendido. No va a resultar fácil superar este pequeño desencuentro, pero tampoco quiero perder la amistad con Webern. Creo que en esta ocasión no ha estado acertado, pero no me cabe duda de que quiere lo mejor para mí, y eso es lo que importa.

23 de enero Hoy he tenido el ensayo con Closson, Steuermann, Grünberg[1] (genuino discípulo de Busoni) y Webern: *Piezas para orquesta* a ocho manos. Gran decepción. Mis alumnos son muy superiores a los de Busoni, son mejores músicos y más inteligentes, sobre todo comparados con Grünberg: es pésimo, no tiene sentido del ritmo. Closson es muy bueno y Steuermann no está mal. Pero si hablamos de hacer música de verdad, de comprenderlo todo a la primera, ha sido un fracaso. No sé cómo va a salir esto, la verdad. Me gustaría prescindir de Grünberg, que no me cae nada bien y que, según me ha contado Perelmann,[2] va por ahí criticando mis conferencias. Es cierto que él lo niega, pero me parece un hombre muy antipático. ¡Y pensar que Busoni ha llegado a confundir mis obras con las de este

[1] Louis Closson, discípulo de Busoni. Eduard Steuermann (1892-1964), pianista y compositor, discípulo de Busoni y, más tarde, de Schönberg (estrenó la mayoría de las piezas para piano que compuso Schönberg). Louis T. Grünberg (1884-1964), compositor, discípulo de Busoni.

[2] Leo Perelmann, discípulo de Schönberg.

tipo! Presentó a un concurso unas piezas para piano que creyó reconocer como mías. Por lo visto, no ha comprendido mi obra en toda su hondura, de otro modo se habría dado cuenta de que mi música no tiene nada que ver con la del señor Grünberg. A propósito de Busoni, ayer le escribí una carta elogiando sinceramente sus composiciones, sentí el impulso de rectificar mi error. Hoy me ha transmitido su agradecimiento a través de Van Düren. Se ha alegrado mucho, pero no podía responderme porque estaba demasiado ocupado. ¡En un caso como éste yo habría encontrado tiempo para escribir! No acude a mis ensayos, es obvio que lo hace porque yo no estuve en los suyos, pero se le olvida que yo le invité, mientras que él a mí no. ¿Cómo iba a saber si le parecía bien que estuviera presente?

Peters me ha abonado los honorarios hoy mismo. Ha sido muy rápido, espero que me traiga suerte. Últimamente estoy conociendo a muchas personas, pero hay pocas que lo sean de verdad. Puede que sea la única manera de llegar a conocer a las personas, encontrándose una y otra vez con individuos que no lo son.

Mañana, a las nueve, ensayo. Confío en que salga mejor. Es difícil adentrarse en piezas como éstas cuando uno se limita a estudiarlas. Muchas veces tengo verdaderas dificultades para juzgar si todo encaja, pero una vez que me aclaro, lo veo con una precisión meridiana. ¡Necesito los sonidos! Los colores. El piano no es más que un instrumento, pero no para músicos, sino para pianistas. ¿¡Tal vez por ello sea tan popular!?

28 de enero El pasado día 24 recibí la respuesta de Winternitz-Dorda declinando la invitación para cantar en el concierto. Cambio de repertorio. Tiene que actuar el domingo por la tarde. La situación es muy complicada. Petri se marcha a Londres el día 29 y pasará allí cinco semanas. Así que hay que encontrar a otro músico para las *Piezas para piano*, los *George Lieder* y otras canciones antiguas. Pensé en Balabar[1] y en la señora Werndorff.[2] En caso de necesidad, Buhlik estaría disponible el día 29.[3] Pero no puedo esperar tanto. El día 24 no tomé ninguna decisión. Luego se me ocurrió retrasar el concierto y trasladarlo al día 4 más o menos. Haría una gira por Berlín, Leipzig, Dresde, Breslau y Praga, porque, de todos modos, Zemlinsky me está organizando una velada musical en esta última ciudad.[4] Se lo dije a Gutmann y él me citó para el día 25. Dejó entrever que podría programar los *Gurrelieder*, pero, de momento, no puede decir nada más. Todo depende del éxito que tenga la octava de Mahler, para la que ha reservado tres fechas en el mes de mayo. Contará con tres directores distintos: Walter, Mengelberg y Göhler.[5] Me parece una mala idea, seguro que Mahler no habría estado de acuerdo. Ya que va a ofrecer tres conciertos, que sean todos con el mismo di-

[1] No ha sido posible verificar el dato.

[2] Etta Werndorff, pianista de Viena. En 1910 tocó en el estreno de las *Tres piezas para piano*, op. 11, de Schönberg, que tuvo lugar en esta ciudad.

[3] Schönberg escribe Buhlik por error, se refiere a Richard Buhlig, pianista. Fue discípulo de Leschetizki.

[4] Alexander von Zemlinsky (1872-1942), director de orquesta y compositor. Desarrolló su actividad en la Ópera Estatal y en la Ópera Popular de Viena, en Mannheim y, a partir de 1911, en Praga como director de la Ópera Estatal. Allí, en 1924, dirigió el estreno de *La espera*, op. 17, de Schönberg. A partir de 1920 dirigió la Academia de la Música de Praga. La mayoría de las veces, Schönberg se refiere a él como Alex. Su mujer se llamaba Ida.

[5] Bruno Walter (1876-1962), director de orquesta y compositor. Wilhelm Mengelberg (1871-1951), director de orquesta. Karl Georg Göhler (1874-1954), director de orquesta y compositor.

rector para que cada concierto sea mejor que el anterior, se convierta en un ensayo para el siguiente. En cualquier caso, propuse que Alex fuera uno de esos directores, pero Gutmann no está por la labor. El público apenas lo conoce. Seguiré insistiendo, tal vez tenga suerte. No está de acuerdo con la gira, porque tendríamos muy poco tiempo para prepararla. En cambio, me ha propuesto que componga un ciclo de canciones, *Pierrot lunaire*, con la intención de que las interprete la doctora Zehme.[1] Los honorarios que ofrece son muy generosos (mil marcos). He leído el prólogo y he echado un vistazo a los poemas. Estoy entusiasmado, me parece una idea espléndida, muy de mi estilo. Estaría dispuesto a hacerlo incluso sin cobrar. Por eso le he hecho una contraoferta: en lugar de cobrar un tanto alzado, me gustaría tener parte en los beneficios que genere la obra. Lo prefiero así, porque no sé trabajar por encargo. De esta manera cuando terminara los melodramas y ella los estrenara, yo percibiría los derechos que hubiéramos acordado sobre entre veinte y treinta representaciones. Creo que aceptará.

El *día 25*, a pesar de la negativa de Winternitz, nos reunimos para ensayar. No salió demasiado bien. Grünberg no tiene sentido del ritmo. Closson es buen músico, pero me parece demasiado rígido. Le pregunté si quería ocupar el lugar de Petri, pero lo descartó: imposible en tan poco tiempo. Todo indica que el concierto tendrá que celebrarse el 4 de febrero por la tarde, porque si no Grünberg y Closson también se habrán marchado. Decido preguntar a Winternitz. A pesar de que yo me había opuesto enérgi-

[1] Albertine Zehme, recitadora. Encargó a Schönberg que compusiera para ella unos poemas (para voz hablada) a partir de *Pierrot lunaire* de Albert Giraud en la traducción de O. E. Hartleben. El ciclo de veintiuna piezas se convirtió en el op. 21 de Schönberg, cuyo estreno dirigió en Berlín en 1912.

camente, Gutmann le ha escrito una carta muy dura. Winternitz ha respondido indignada. Me echa en cara todo lo que ha hecho por mí. ¡Qué mujer tan estúpida! Olvida que nadie le habría prestado la menor atención de no haber sido por mis conciertos. Pero no se lo tendré en cuenta, sobre todo porque necesito una respuesta: tiene que decirme con claridad si quiere participar o no. Pero parece que no lo va a hacer. Puede que no sea demasiado inteligente, pero es astuta. En general, las mujeres mienten más cuando los hombres dicen la verdad. Winternitz respondió el día 28. Está libre el día 4, pero resulta que el sábado 3 está ocupada, de modo que no puede ensayar. Así que estoy pensando en dar el concierto el domingo 4 por la tarde, en lugar de a mediodía. Puede que sobre las seis. Pero tengo que esperar su carta («le escribiré una carta»). Es como si este concierto no hubiera de celebrarse. Estoy acostumbrado a enfrentarme a todo tipo de dificultades, pero nunca se me habían planteado tantas. Tengo que buscar otra cantante. Estoy pensando en Hempel,[1] por eso quiero ir a ver a Blech.[2] *Día 27*. No sucedió nada de particular. Me dediqué a corregir el continuo para el profesor doctor Guido Adler.[3] No avancé demasiado. *Día 28*. He estado corrigiendo unos aforismos[4] para el Akademischer Verein de Viena.[5] Ha llegado una carta de Peters. Desea conocer-

[1] Frieda Hempel (1885-1955), cantante.

[2] Leo Blech (1871-1958), director de orquesta.

[3] Guido Adler (1855-1941), musicólogo y director de *Monumentos de la música austríaca*. Schönberg y Webern se contaban entre sus colaboradores.

[4] Reproduzco aquí uno de los aforismos de Schönberg que aparecieron en el primer número de la revista *Der Ruf*: «La amo mucho, pero no la puedo soportar... No me refiero a una mujer, sino a la norma, que obviamente también es mujer».

[5] Schönberg se refiere al Akademischer Verband für Musik und Li-

me personalmente y propone que nos veamos este miércoles en Berlín. Por razones editoriales, debo dar título a las *Piezas para orquesta.* Tal vez acceda, al fin y al cabo se me han ocurrido varios que no irían mal. En el fondo, la idea no me gusta nada, porque lo maravilloso de la música es que uno lo dice todo para que quien sabe lo entienda todo, pero, al mismo tiempo, guarda secretos que no revela a nadie, que ni siquiera se confiesa a sí mismo. Un título sí lo hace. Por otra parte, si lo que había que decir, ya lo dice la música, ¿para qué la palabra? Si las palabras fueran necesarias, formarían parte de ella. Pero la música dice más que las palabras. Los títulos que barajo ahora mismo no revelan nada. Unos son de lo más oscuro y otros aluden a aspectos técnicos. Serían los siguientes: 1. Premoniciones (todo el mundo las tiene); 2. El pasado (también lo tiene todo el mundo); 3. Acordes timbrados (técnico); 4. Peripecia (creo que es bastante genérico); 5. El recitativo *obbligato* (tal vez sea mejor «desarrollado» o «interminable»). En cualquier caso, convendría indicar que los títulos responden a exigencias editoriales y no al «contenido poético» de la obra.

Por la tarde deberíamos haber tenido ensayo, pero se produjo una equivocación y Steuermann y Grünberg no acudieron. Closson, en cambio, se ofreció a interpretar las *Piezas para piano.*

El *día 27* recibí la visita de Steuermann. Tocó para mí sus composiciones. ¡Tiene mucho talento! Quiere estudiar conmigo. Le propongo que se encargue de las *Piezas para piano* y del acompañamiento de las canciones para el concierto. Se lo preparará. También tengo que pasarle las *Piezas para piano* a Closson, aunque lo más probable es que se

teratur (Asociación Académica de Música y Literatura) de Viena, que publicaba la revista *Der Ruf.*

limite al acompañamiento. Si estudia conmigo, contando con que Zweig se sume a él,[1] llegaría a ingresar doscientos marcos al mes. Y, lo más importante, volvería a tener discípulos. En cualquier caso, en mi conversación con Steuermann he dejado caer que tampoco me importaría darle clase de manera gratuita. Ahora mismo no tiene claro si va a poder pagarme ni cuánto.

El *día 28*, el *Berliner Tageblatt* publica una nota de agradecimiento de Strindberg por las felicitaciones que ha recibido con motivo de su cumpleaños. Podría haberla firmado yo. Expresa perfectamente mi experiencia y mis sentimientos: el fervor y el rubor con que uno recibe elogios pensando que tal vez no esté a la altura y, por otra parte, la indignación y el orgullo herido cuando no obtiene el reconocimiento que merece.

Ahora tengo que salir a encargar algo para mediodía porque vienen los Eichberg.[2] Y Marc acaba de anunciar que esta tarde pasará a visitarnos con su mujer.[3] Son compromisos que debo atender, aunque no me apetece en absoluto. ¡Y menos con todo lo que tengo entre manos!

2 de febrero El *domingo 28* recibimos la visita de los Eichberg. Él es un tipo formidable, desde luego. Sigue siendo el mismo de siempre, con esa timidez que trata de ocultar, sin conseguirlo, mostrándose como un hombre de mundo, con esa audacia tan propia de los berlineses. Por lo demás, habla de manera muy sensata, sobre todo en lo que tiene

[1] Fritz Zweig (1893-1984), director de orquesta. Fue discípulo de Schönberg.

[2] Friedrich Eichberg, ingeniero, amigo del colegio de Schönberg.

[3] Franz Marc (1880-1916), pintor y artista gráfico.

que ver con su profesión. Ojalá hubiera contado más cosas, porque sabe bien lo mucho que me interesan los avances técnicos. Su mujer también se esforzó por aliviar, en la medida de lo posible, la tensión que reinaba entre nosotros por su actitud distante. Al principio fue un encuentro frío, pero luego se volvió más animado. Eichberg aprovechaba cualquier oportunidad para mostrar su admiración por mi trabajo. Me pareció algo forzado. Empezó alabando algunos de mis cuadros. Luego estuvo viendo las partituras y los libros que he publicado, quiso saber si estaba a su alcance comprender mi *Tratado de armonía*. Preguntó por mis conferencias. Manifestó su intención de adquirir las canciones que he dado a la imprenta (¡qué exageración!), y no dejó de ensalzar una y otra vez una pintura en particular. Finalmente expresó el deseo de comprármela (se trata de un pequeño paisaje de invierno que pinté una vez que tenía dolor de cabeza). Mi respuesta fue negativa porque quiero que entienda que la reconciliación no se compra. Después apareció Webern. Había estado en un concierto con Hausegger.[1] Había escuchado la *Sinfonía n.º 2* de Bischoff,[2] pero no se había llevado una buena impresión. Y lo mismo dijo del ensayo que Busoni había realizado para el concierto que organiza la editorial Schirmer,[3] sobre todo por el papel de Busoni al frente de la orquesta. Luego llegó Marc (sin su mujer, que está enferma). Elogió a Cassirer,[4] algo a lo que me opuse con vehemencia: estoy convencido de que el marchante de arte que «entiende de

[1] Siegmund von Hausegger (1872-1948), director de orquesta y compositor. Dirigía además los conciertos de la Orquesta Blüthner de Berlín.

[2] Hermann Bischoff (1868-1936), compositor.

[3] Schirmer era una editorial musical de Nueva York.

[4] Paul Cassirer (1871-1926), marchante de arte y editor. Relanzó además la revista *Pan* de Berlín.

arte» perjudica a los artistas, porque cada vez que expresa su admiración por una obra consigue rebajar en una cuarta parte lo que habría pagado cualquiera que sólo entienda de negocios. Por no hablar de lo cargante que resulta su conversación, tan empalagosa como insustancial. Cuando te encuentras con alguien así, lo que te apetece es darle una patada en el trasero. Marc me enseñó una carta de Loos[1] en la que echa pestes de Oppenheimer:[2] lo llama impostor, le acusa de copiar a Kokoschka[3] y aconseja estar alerta frente a él. No creo que sea justo con Oppenheimer: que alguien carezca de originalidad no lo convierte en un impostor. Seguro que Oppenheimer no cae bien a nadie. Yo nunca me he dejado engañar por su pintura, que evidencia su falta de genio. Puede que sea un «granuja», pero no es un impostor. Por otra parte, sus cuadros no tienen nada que ver con los de Kokoschka, quien los compara es injusto con ambos. ¡Porque Kokoschka es un artista genuino! Marc es un hombre muy simpático. Un poco gris y sin demasiadas pretensiones. No le veo con Kandinski mucho más tiempo,[4] sobre todo si siguen aconsejándoselo con más tacto de lo que lo hacía la carta de un amante del arte, cuyas opiniones, que más tarde compartió con Loos, parecían bastante prepotentes («Siga usted a Hans von Weber, lo que él hace está bien hecho»).[5]

[1] Adolf Loos (1870-1933), arquitecto, amigo de Schönberg y de Kokoschka.

[2] Max Oppenheimer (1885-1954), pintor y artista gráfico.

[3] Oskar Kokoschka (1886-1980), pintor, artista gráfico y dramaturgo.

[4] Vasili Kandinski (1866-1944), pintor y artista gráfico. Director, junto con Franz Marc, de la revista *Der Blaue Reiter*, en la que Schönberg colaboró. Kandinski expuso cuadros de Schönberg en la exposición del mismo nombre que se celebró en Múnich.

[5] Hans von Weber (1872-1924), pintor.

El *lunes 29* enviamos a los Eichberg el cuadrito que tanto les había gustado. ¡Como regalo! Eichberg tiene dinero y puede comprarse cuadros más grandes, no tiene por qué escoger el más pequeño confiando en que sea también el más barato, y yo no quiero verme obligado a dar las gracias a ningún «mecenas». Por la tarde, conferencia. Busoni estaba entre el público. Agradeció cordialmente mi carta y se mostró muy amable conmigo. Tal vez acabe entendiéndome con él, siempre lo he deseado, porque no cabe duda de que es un hombre genial, con mucha diferencia, el más interesante que he conocido hasta ahora.[1] En la conferencia expuse mis ideas sobre el talento y el genio: vine a decir que el genio es el futuro de la humanidad. Parece que a Busoni le gustó mucho («¡Ha sido verdaderamente extraordinario!»). Quiere que pronuncie una conferencia en su casa ante un gran número de invitados. No me siento demasiado inclinado a hacerlo.

El *martes 30* por la tarde ensayamos las *Piezas para orquesta*. La primera y la segunda por fin salieron bien, incluso diría que muy bien. Me di cuenta de que las indicaciones (*f* y *t*) que figuran en el arreglo de Stein estaban equivocadas (*f* de fagot y *t* de trombón) y las cambié. Ahora funciona. El *miércoles 31* me entrevisté con Peters (Henrichsen). Es un hombre amable, nada pretencioso, burgués, pero con buenas intenciones y, por lo que pude comprobar, enormemente íntegro. Fue muy educado. Me llevó a Habel y me invitó a caviar y vino del Rin. Se interesó por mi relación con Universal Edition. Me dio a entender que publicaría mi obra con sumo gusto si no tuviera otro compromiso editorial. También me recordó que los contratos

[1] En el margen izquierdo del manuscrito figura una nota: «¡¡¡Por lo menos en Berlín!!! Schbg.».

se pueden rescindir. Yo rechacé tal posibilidad de manera indirecta, destacando la excelente labor que lleva a cabo Hertzka (tuve que hacer un esfuerzo, porque lo cierto es que nuestra relación ya no funciona). En cualquier caso, fue muy correcto conmigo (como entendido en arte, como mecenas). Henrichsen me consultó sobre Mahler.[1] Yo confesé mi entusiasmo por su obra. Me preguntó si entonces no debería fundir sus discos. ¡Me pareció espantoso! ¡Inaudito! Ya es hora de que escriba algo sobre Mahler. Su destino es verdaderamente terrible. Yo le respondí: «Por amor de Dios, ¡cualquier cosa menos eso! La juventud de hoy venera a Mahler como si fuera un Dios. Aún no le ha llegado su momento. ¡Pero ocurrirá en los próximos cinco o diez años!». Hay que hacer algo antes de que sea demasiado tarde. ¡Ojalá tuviera más influencia!

He ensayado con Closson las nuevas *Piezas para piano*. Las interpreta muy bien, aunque es cierto que sigue pareciéndome demasiado rígido.

El lunes por la noche estuve en el concierto que había organizado la editorial Schirmer y dirigía Busoni. Escuché con atención la pieza que compuso Mahler a partir de la música de Bach, por si tengo que dirigirla. Suena muy bien, aunque el órgano me pareció demasiado potente. El resto del programa tuvo escaso interés: [un concierto para violín] y una pieza sinfónica de *,[2] que no me agradó en nada.

Miércoles. Por la tarde recibí la visita de Horwitz.[3] Que-

[1] Gustav Mahler (1860-1911), compositor y director de orquesta. Tomó las suites n.º 2, 3 y 4 de Johann Sebastian Bach para componer una suite propia (2.ª ed., 11, Schirmer, Nueva York, 1909), que Schönberg dirigiría poco después en la Academia de la Música de Praga.

[2] En el manuscrito se aprecia un espacio en blanco para una anotación que no llegó a introducirse.

[3] Karl Horwitz (1884-1925), compositor discípulo de Schönberg.

ría verme a mí y al agente. En realidad, vino por el agente porque, de otro modo, podríamos haber coincidido en el concierto. Este hombre me resulta cada vez más molesto. Webern también está dolido con él. En tan sólo un cuarto de hora profirió todo tipo de calumnias.

Jueves, 1 de febrero. He escrito una carta a Hertzka solicitando la restitución del primer contrato que firmé con él. Le sentará mal, pero no queda otro remedio. ¡O una cosa... o la otra! Si mantuviera el contrato, no vería ni un céntimo por mis obras. Siento curiosidad por saber cuál será su reacción. Por la tarde, ensayo con Steuermann. Mañana (viernes) se trasladará a Hamburgo para trabajar con Winternitz. La acompañará en el concierto. ¿Tiene la experiencia necesaria? Winternitz ha previsto un solo ensayo conmigo: el domingo, dos horas antes del concierto. Luego llegó Horwitz con Webern y se quedaron a cenar. Horwitz traía noticias de Zemlinsky, que está preparando una velada en Praga antes de mi concierto. Primero tendría que dar una charla y luego se interpretarían algunas canciones y fragmentos del *Peleas*. Lo planteó de una manera tan poco atractiva que de entrada lo rechacé. Pero, entonces, Mathilde me hizo una seña (llamándome la atención sobre el papel de Horwitz como intermediario), reconsideré la idea de Alex y esbocé un programa para la susodicha velada en la que hablaría sobre mi evolución musical y ofrecería una muestra de ella. Alex ve muy bien que dirija a Bach-Mahler, así que he aceptado. En cambio, dudo mucho que acompañe a Casals.[1] En una ocasión anterior, Kreisler[2] no apareció hasta el día del recital a las tres de la tarde y Alex tuvo que enfrentarse al *Concierto para violín* de Beethoven sin ha-

[1] Pau Casals (1876-1973), violonchelista y director de orquesta.
[2] Fritz Kreisler (1875-1962), compositor y violinista.

ber ensayado con la orquesta (solo con el piano). ¡No puedo ni quiero permitir algo así! No dice mucho de Horwitz que, siendo discípulo mío, no se haya interesado nunca por mi *Tratado de armonía*. En cambio, Alex y Strasser (un joven director de orquesta húngaro) hablan de él con verdadera pasión. Strasser interpreta los pasajes de *Peleas* que hay que tocar a cuatro manos en la «versión fragmentaria». ¡¡¡Mi discípulo Horwitz no!!! Hemos acabado. Le he reprochado que hablase mal de Krüger,[1] que es mucho mejor músico que él porque no es tan «insensible». Me han llegado noticias muy tristes de Pieau (¡representante de aspiradores!).[2] Debo hacer algo por él.

Hoy, *2 de febrero*. Por la mañana ensayo con Webern y Closson (armonio y celesta) para la nueva canción *Hojas del corazón*, op. 20. Webern, verdaderamente magnífico. También acudió Fröbe, un «hombre apuesto», alto, fuerte, con barba y, además, muy amable.[3] Se ocupó de ir pasándole las hojas de las partituras a Webern durante el concierto (con Clark; mi «modesto» concierto contó con dos colaboradores), trajo un arpista (pues el anterior había renunciado) y se mostró muy servicial en todo. ¡La pieza es extraordinariamente difícil! Más problemas que afectan a la organización del concierto: ¡en el escenario hay poco espacio!, los instrumentos no caben. He convencido a Simon. Lo va a hacer. Blüthner no permitirá que usen su piano de cola, así que habrá que traer otro (piano) Ibach, que no tendremos hasta el domingo a primera hora. ¿¿Llegará a tiempo?? (Y todo porque Blüthner no ha querido cedernos el suyo).

[1] Victor Krüger, discípulo de Schönberg. Emigró a Chile.

[2] Walter Pieau, cantante. Era un amigo de juventud de Schönberg y actuó como padrino suyo cuando se convirtió e ingresó en la Iglesia evangélica el 25 de marzo de 1898.

[3] No ha sido posible verificar el dato.

Por la noche a las ocho y media. Acabo de recibir un telegrama de Winternitz. No puede cantar la canción en la que la acompañaba el armonio. Jamás me había enfrentado a semejante cúmulo de problemas, algo tendrá que significar, ¡porque no es normal! He telefoneado a Fröbe para que le diga al arpista que no vamos a necesitarle, pero Fröbe cree que no debo sacrificar aún la pieza. Conoce a una cantante que tendría tiempo de aprender la canción. ¡Tal vez podamos vencer esta nueva dificultad! Si nadie interpreta la pieza principal, el destino del concierto quedará sellado. Si la cantante de Fröbe se atreve con la pieza, estaría dispuesto a plantar a Winternitz, que se ha portado muy mal conmigo (ha vuelto a comunicarme su renuncia en el último momento y sólo porque yo se lo he preguntado). ¡Que escuche cantar a otra que apenas ha tenido veinticuatro horas para estudiar la partitura! La manera en que se ha dirigido a mí me ha parecido bastante soberbia.

9 de febrero Ha pasado otra semana sin que haya encontrado tiempo para escribir. Primero por el concierto y luego porque he tenido que ocuparme de todo lo que había dejado de hacer o había tenido que retrasar por causa de él. ¡Una montaña de correspondencia!

El *3 de febrero* por la mañana ensayo con Webern [y] Closson para la pieza de armonio. Habría sido prácticamente imposible sacarla adelante. Loos acude al ensayo, se muestra muy amable, sobre todo con Webern. Cree que nos parecemos porque yo también introduzco cambios en las piezas que he compuesto cuando preparo su estreno. Pero se equivoca: en mi caso, la obra no surge en su ejecución, como ocurre con los edificios que él proyecta, las modificaciones que realizo son sumamente raras y la mayoría de las veces se trata de meras indicaciones. Pero no he querido contradecirle porque ha sido muy educado y además porque es tan duro de oído que apenas se puede mantener una conversación con él; me habría costado trabajo hacerme entender. En el ensayo se producen pequeños roces entre Webern y Clark. Webern se impacienta cuando Clark no pasa a tiempo las hojas de la partitura y hace comentarios muy groseros. Clark se siente cada vez más desconcertado. Tengo que mediar entre ambos. Tiene su gracia. A pesar de los esfuerzos de Fröbe por encontrar una nueva cantante, decido prescindir de la pieza definitivamente. A mediodía me reúno con Webern, Closson y Clark en el hotel Frederich. Closson (me preocupa su interpretación al piano) explica con un gesto por qué es bueno que los hombres coman apio. Por la tarde, ensayo con los dos pianos, al que acude Calvocorezzi,[1] un hombre muy correcto y amable, aunque de momento no me ha causado gran impresión. Mis *Piezas para orquesta* le han gustado mucho y promete venir al concierto, que está deseando escuchar. Anunció que el lunes por la mañana pasaría a visitarme. ¡Perelmann con ínfulas!

Lunes, 4 de febrero. Por la mañana, a las diez, ensayo con Winternitz. Se siente un poco cohibida conmigo y no deja de hablar para tratar de disimularlo. No pude evitar mostrarme frío con ella, necesito tiempo para perdonar. En el ensayo volvió a sorprenderme lo musical que es, y tiene una voz muy hermosa, aunque algo áspera. En el concierto interpretó con demasiado dramatismo (de una manera algo vulgar) las canciones antiguas y, sobre todo, los *George*

[1] Schönberg escribe por error Calvocorezzi, pero se refiere a Michel Calvocoressi (1877-1944), escritor y crítico musical. Promotor de la *musica nova*.

Lieder, apoyándose en la letra y no en la música. En suma, adoptó el estilo que ahora está en boga. Por eso, los *George Lieder*, salvo uno, no terminaron de convencerme y en algunos momentos me resultaron sencillamente incomprensibles. Closson interpretó demasiado rápido las *Piezas* [*para piano*, op. 19], había olvidado todas mis instrucciones, en particular, que no hiciera ninguna pausa después de cada parte, para que nadie percibiera que se trataba de seis piezas para piano. Las *Piezas para orquesta* salieron bien, salvo por un desfase de Grünberg (en la n.º 4). Fuerte ovación después de «Sol del bosque» (¡!), tras los *George Lieder* y también al final. Busoni, muy amable. Vino a verme y se mostró entusiasmado. Me alegró mucho. Fried también me felicitó, pero apenas pude atenderle como se merece. Mathilde me contó una graciosa anécdota de la señora Busoni: por lo visto se despidió de ella mecánicamente, como está acostumbrada a hacer en los conciertos de su marido («Le agradezco mucho que haya venido»). En general, es muy agradable tanto por su agudeza como por su porte. Fröbe utilizó un tono docto y ampuloso, pero realmente cordial. Webern me dedicó unas palabras muy amables. ¡Para mí, como siempre, el más querido! También Steuermann se mostró muy simpático. Gräner estaba entusiasmado.[1] Lo mismo que Gutmann, que me presentó a un periodista algo cargante (Weiser), que quiere hablar conmigo. Loos (que estaba dispuesto a anunciar la cancelación de la canción del armonio con un discurso que a mí me parecía demasiado propagandístico, finalmente lo hizo Webern) también estuvo muy afectuoso, aunque no comentó nada sobre las piezas, y debo reconocer que este deta-

[1] Georg Gräner (1876-1945), crítico musical y compositor. Escribió en *Pan* sobre el estreno del *Pierrot lunaire*.

lle me molestó. No me basta con el mero respeto. Me inclino a pensar que Loos sólo ve en mí a otro representante de la modernidad, una «antorcha» más,[1] un admirador de Kokoschka o del maestro de Webern. Después del concierto nos reunimos en el Frederich. Había bastante gente (comparándolo con otras ocasiones), alrededor de dieciséis personas. Entre ellos, algunos extranjeros, franceses. La señora Schwarzwald[2] y su marido, Fröbe, Loos, el doctor Ehrenstein (amable e interesante, la mayoría de las veces parece dormido, pero despierta en cuanto algo llama su atención, desborda entusiasmo y pasión por todo aquello que le interesa),[3] Webern con su mujer y su cuñada, y muchos otros. Tuve que sentarme con gente a la que prácticamente no conocía (o que no conocía en absoluto), lo cual no me agradó demasiado. Clark no participó en la velada. La señorita Finkaus, en cambio, se empeñó en acudir, fue casi la única. A continuación nos trasladamos a casa de la doctora Zehme, que también había estado en el concierto (lo mismo que la señora Wolf...[4] tengo curiosidad por saber si pide a Rosé que interprete mi cuarteto). Confesó la emoción que le transmitía mi obra y me pareció muy sincera. Es muy amable, me recuerda un poco a la señora Mildenburg (por lo distante) y a la señora Gutheil (por lo cordial y lo sencilla),[5] es decir, a personas que me gustan. Sus comen-

[1] Se refiere a la revista *La antorcha*, publicada en Viena por el escritor Karl Kraus (1874-1936).

[2] Eugenie Schwarzwald, filántropa. Fundó las escuelas Schwarzwald de Viena, inspiradas en novedosas ideas pedagógicas. En 1918 cedió espacios del centro para que Schönberg impartiera sus clases.

[3] Albert Ehrenstein (1886-1950), escritor.

[4] Louise Wolff (1855-1935), propietaria de la agencia de conciertos Wolff y Sachs de Berlín.

[5] Anna Bahr-Mildenburg (1872-1947) y Marie Gutheil-Schoder (1874-1935), cantantes. Gutheil-Schoder interpretó la ópera en un acto

tarios me resultaron muy interesantes, aunque le recomendaría que escuchara otra música que no fuera la de Vrieslander (¡qué mala es!).[1] Gutmann llegó más tarde, y dedicó demasiado tiempo a hablar sobre arte con un agente, aunque lo que dijo tenía bastante sentido. He oído muchas más tonterías en boca de músicos. Horwitz se marchó a las tres.

Lunes, 5 de febrero. Por la mañana, como Calvocorezzi se retrasó, la conversación que mantuvimos tuvo que ser breve y resultó poco interesante. Por la tarde, clase con Clark y Perelmann.

Martes, 6 de febrero. He terminado de repasar las correcciones para [Guido] Adler y se las he enviado. Por la noche, velada con los Webern. ¡¡¡Muy simpáticos!!! Me he sentido muy a gusto. La mujer de Webern es extraordinariamente amable, y su hermana también. Hablamos mucho sobre una carta del Akademischer Verein de Viena, en la que muestran su interés por organizar una velada Schönberg y me invitan a dar una conferencia. Al principio no me apetecía demasiado, pero entonces se me ocurrió que podría hablar sobre Mahler y las ideas empezaron a bullir en mi cabeza. Decidí aceptar inmediatamente. Me gustaría pronunciar la conferencia en torno al 10 de marzo para poder oír la *Sinfonía n.º 8* de Mahler. A continuación, de acuerdo con la propuesta del Akademischer Verein, debería viajar a Praga. Me parece imposible porque apenas tendría tiempo para prepararme. Con todo, tengo que ofrecer otra conferencia en Praga (¡qué fastidio!). A Webern le entusiasma la idea: ha propuesto que nos alojemos en casa de sus sue-

---

de Schönberg *La espera* en su estreno en 1924 en Praga, bajo la dirección de Alexander von Zemlinsky.

[1] Otto Vrieslander (1880-1950), compositor y pianista. Puso música antes que Schönberg a los poemas del *Pierrot lunaire* por encargo de Albertine Zehme, la cual no quedó satisfecha con el resultado.

gros o en la de los Königer[1] (¡¡¡qué poco me apetece tener a los Königer como anfitriones!!!), sobre todo, para reducir gastos, porque los honorarios no alcanzarían para sufragar la estancia de Mathilde (su madre se mudaría a nuestra casa y así los niños estarían atendidos). Sea como sea, pronunciaré esa conferencia. He echado un vistazo a la *Passacaglia* de Webern y es verdaderamente magnífica, una obra muy buena, sumamente original. Estoy seguro de que Webern llegará a ser un compositor extraordinario. El lunes a primera hora llegó una carta de Hertzka en la que me hace todo tipo de reproches por exigir la restitución de nuestro primer contrato. Me parece estúpido e injusto. ¿Qué debo pensar de este hombre: que es tonto o que es malo? Yo creo que es tonto, porque no se da cuenta del mal que hace; y creo que, si lo supiera, no actuaría así. Por la noche he tenido ocasión de leer la crítica del doctor Leopold Schmidt, sumamente grosera.[2]

Miércoles, 7 de febrero. Respuesta del Akademischer Verein: estarán encantados de recibirme. Paso la tarde con Clark y Perelmann. Me he enterado de que Schmidt no se quedó hasta el final del concierto; apenas llegó a escuchar una parte de los *George Lieder.* Le he dictado a Clark un artículo satírico para *Pan*, que ha de entregar a Cassirer firmado con el pseudónimo que utilizaba Wagner, Karl Freigedank. Doy por sentado que todo el mundo sabrá que el artículo lo he escrito yo.

Jueves, 8 de febrero. Recibo una invitación del Urania [de Viena] para dar una conferencia. ¡Estarían dispuestos a sa-

[1] Paul Königer (1882-1943), discípulo de Schönberg.

[2] Leopold Schmidt (1860-1927), crítico musical. Publicó en el *Berliner Tageblatt* un artículo en el que hablaba con mucho desdén sobre el concierto de Schönberg, aunque sólo había escuchado una parte.

tisfacer mis honorarios! ¡A buenas horas! Me habría venido muy bien, pero, por desgracia, ya me he comprometido con el Akademischer Verein. Por la mañana termino de escribir un artículo: «Parsifal y los derechos de autor». Los Webern llegaron a mediodía y pasaron la tarde con nosotros, porque la hermana se marcha el sábado. Como siempre, muy simpáticos. Largo paseo por el bosque con Webern. Hablamos sobre mi evolución y la suya, sobre las clases que le he impartido, también sobre Alex, a quien le toma a mal un comentario sobre sus composiciones, que no me parece malintencionado, pero sí de mal gusto. Webern me habló sobre la estancia de Horwitz y de Jalowetz en Carintia.[1] La suegra de Horwitz se comportó de una manera muy «frívola». Parece que su propósito era dar celos. Le aconsejé que no entrase jamás en esos juegos.

Viernes, 9 de febrero. He escrito a Hertzka: no renuncio a mis derechos, pero accedo a reunirme con él. Tischer ha rechazado mi propuesta. He decidido aceptar la invitación del Urania (propongo unos honorarios de cuatrocientas coronas). Cassirer exige que firme el artículo con mi nombre. Consiento porque después de la indiscreción de Clark, revelándole a Cassirer que el artículo era mío, ya no tengo motivos para utilizar un pseudónimo. Habría preferido no tener que tratar con Cassirer porque se comportó conmigo de manera muy descortés (el libro del contrapunto y mi visita). Ahora me ha escrito y no he tenido más remedio que responderle... Por la tarde, una crítica de Steuermann en *Signalen*, la revista de Leichtentritt.[2] Muy torpe, pero, con todo, menos ofensivo de lo que esperaba. Es evidente que

[1] Heinrich Jalowetz (1882-1946), director de orquesta. Discípulo de Schönberg.

[2] Hugo Leichtentritt (1874-1951), musicólogo y crítico musical.

le gustaría serlo y hacerme daño, pero no sabe cómo. En eso Schmidt es mucho más diestro, aunque espero haberlo puesto en evidencia.

Sábado, 10 de febrero Por la mañana, el correo trae buenas noticias: Hertzka ha pactado con Marschalk que aquellas obras mías que han aparecido en la Dreililien Verlag (cuatro cuadernos de canciones, dos de música de cámara) pasarán a formar parte del catálogo de Universal Edition. El acuerdo me beneficia mucho porque, gracias a él, esas obras verán por fin la luz pública. Críticas muy positivas (en *Frankfurter Zeitung* y *Hamburger Nachrichten*) sobre mi concierto. Pero también muy poco inteligentes. He dedicado la mañana a estudiar *Peleas* para el concierto de Praga. Es una obra llena de matices. Incluso desde un punto de vista formal. También he echado un ojo a la *Suite Bach* (de Mahler). Sería estupendo poder dirigirla, pero no sé si tendré suficiente tiempo para ensayar. La madre de Mathilde ha escrito hoy. El primer ensayo se ha fijado para el día 23, tendría un total de seis, que me parecen pocos. Alex realizó seis ensayos sólo para la *Doméstica* (eso dice Horwitz, aunque es verdad que miente mucho).[1] *Peleas* es más difícil que la *Doméstica*. ¡Fried contó con cinco ensayos! A mediodía llegó una carta con noticias del Akademischer Verband: es probable que la conferencia sea el día 12. Están muy contentos, ofrecen doscientas coronas para cubrir los gastos del viaje. Tengo que ir pensando en prepararme, desarrollaré la conferencia por escrito. Aún no he recibido noticias de Praga. No me han dicho nada sobre el

[1] Se refiere a la *Sinfonía doméstica*, de Richard Strauss. La mayoría de las veces, Schönberg escribe el apellido del músico como Strauss.

concierto previo en el que pronunciaría la conferencia. Por la tarde he estado con Clark. Es curioso: no conoce ninguna ópera de Wagner, no sabe nada de Mozart ni de Beethoven. ¡¡¡Pero quiere convertirse en director de orquesta!!! En cambio, ha visto *Electra* en varias ocasiones. Una prueba más de que uno no puede dar nada por sentado. ¡Yo estaba convencido de que la juventud de hoy había crecido con Wagner! Parece que él es la excepción. Luego estuvo hablando sobre el panorama musical de Inglaterra: me contó que Fried no había podido ofrecer ningún concierto en Manchester. Fried me da pena, aunque es cierto que no puede culpar a nadie de su fracaso, salvo a sí mismo, por muchas razones. Pero a cualquiera de nosotros podría pasarle lo mismo. ¿No es lo que ocurre cuando se toman decisiones equivocadas? Esta mañana he hablado con la doctora Zehme, está deseando ver mis composiciones. Según Gutmann, habría aceptado mis condiciones económicas. Sería estupendo, desde luego, porque no tendría que preocuparme por el dinero durante dos meses. A mediodía, Mathilde y yo dimos un paseo hasta Zehlendorf. Apenas sale de casa, por eso me parece digno de mención. Trudi había ido a Berlín con la escuela:[1] querían ver paisajes urbanos. Yo estaba preocupado porque iba a llegar tarde a casa, así que fuimos a buscar[la]... Mañana visitaré a los Eichberg. De camino a Zehlendorf nos encontramos a Webern. Se mostró crítico con el *National-Zeitung*, le parece arrogante. Por supuesto que lo es, ¡y mucho! Pero no es, ni mucho menos, lo peor que se publica. Y ya me he acostumbrado a que ésa sea la tónica general.

[1] Nombre familiar de Gertrud, hija de Schönberg y su esposa Mathilde von Zemlisnky.

Domingo, 11 de febrero Carta de Lejeune.[1] Su cuarteto tocará el 13 de marzo en la Société Indép. de Music. Mi velada tendrá lugar el 20 de marzo. Me ha pedido los *George Lieder* y se los he enviado. Por la tarde, en casa de los Eichberg. Nada digno de mención. Por la noche, al volver a casa, me encuentro con la corrección del artículo sobre Leopold Schmidt que escribí para *Pan*. Han introducido muchos cambios. No ha resultado como yo pensaba, pero cumplirá su finalidad. Tengo que enseñar a los críticos de Berlín, esos cretinos arrogantes, cómo se habla a los artistas. La chusma que escribe en Viena tiene un punto ridículo que los hace simpáticos y, en cierta medida, me reconcilia con ellos. Desprecian, pero no odian. La gente de aquí quiere quedar por encima de los demás y, por eso, me resultan tan sumamente irritantes. Aunque unos y otros son iguales, sólo se diferencian en el tono, y en que los de aquí escriben un poco mejor, pero es por lo secos que son: no arriesgan nada. Los camareros vieneses se la juegan cargando con un montón de platos, por eso, cuando se les caen, provocan un verdadero desastre. Eso sí, despiertan más simpatía que los de Berlín, que apenas deben de perder alguna ración.

15 de febrero *Lunes, 12 de febrero*. Por la mañana termino el artículo para Gutmann. Lo reescribo por completo. Tomo la decisión de introducir un continuo en el tercer movimiento (andante, trío) de la *Suite Bach* de Mahler: a él le pareció innecesario, yo lo considero imprescindible; Bach también lo hizo y no se equivocaba. Por lo demás, me parece que el órgano tiene poca presencia en el primer movimiento y eso le resta carácter. El concepto de suite tam-

[1] Primer violín del cuarteto francés Lejeune.

poco me parece acertado. Se nota que la pieza no ha sido concebida como un todo, le falta «coherencia», lógica interna. Por otra parte, tengo la sensación de que el propio Mahler se dio cuenta de esto. Es como si lo que ahora es el segundo movimiento se hubiera pensado como cierre y luego se hubiera trasladado a otra posición. Lo cierto es que no mejoraría nada. El buen gusto no puede reemplazar al instinto. Por la tarde, en casa de Gutmann para cerrar los detalles del contrato con la doctora Zehme. Recibiré una respuesta en los próximos días. Pido mil quinientos marcos (me garantizo una participación en los beneficios de cincuenta marcos por concierto, sobre un total de treinta). Gutmann había pensado ofrecerme el diez por ciento y mi propuesta le desconcertó. Sin embargo, se esforzó por disimularlo, asegurando que estaba abierto a estudiar cualquier sugerencia. Winternitz me remite una carta del Akademischer Verband que recibió el 2 de febrero y no ha respondido aún. Como el 14 de marzo cantará en la *Sinfonía n.º 8* de Mahler, le piden que otra noche cante mis obras en Viena. No le apetece en absoluto.

Martes 13. Por la mañana comento con Mathilde el tema de la conferencia y del concierto de Viena. Cada vez me apetecía menos, no lo veía nada claro, y como me imaginaba cuáles iban a ser las condiciones que me ofrecerían, me sentía tan incómodo que decidí cancelar la conferencia y también el concierto (por lo menos, con mi participación). En cuanto lo hice, me sentí infinitamente aliviado. Seguro que puedo pronunciar esa conferencia sobre Mahler en otra parte. Tal vez en Múnich o incluso en Berlín. También estaría dispuesto a publicarla en forma de artículo, pero no quiero saber nada de Viena, me alegro de haberme marchado de allí. Por la tarde analizo con Steuermann las *Variaciones en do menor* de Beethoven y disfruto mucho.

Miércoles 14. Escribo cartas a Specht, Berg y Linke.[1] A mediodía llegó *Der Ruf*, la revista del Akademischer Verband, que publica mis nuevos aforismos. Me puso de mal humor encontrar la firma de Stefan al lado de la mía.[2] Me puso de mal humor porque publica seis páginas de extensas reflexiones, cuando resulta que mis cuatro páginas ya les parecían demasiado. También me puso de mal humor que la portada utilice como «reclamo» los nombres de Bahr, Wedekind y Shaw,[3] mientras que el mío aparece entre otros tantos (cierto que con los de Loos y Altenberg).[4] Me trae sin cuidado, ésa es la diferencia entre Berlín y Viena. Cuando *Pan* publicó un artículo mío y otro [de] Bahr, destacó el mío y no el de él, como debía ser. Una prueba más de que no me equivoco al rechazar la propuesta que me hacían desde Viena, donde me tratan como a un donnadie, o me consideran un «talento de la joven Viena», como escribió el señor Von Wymetal,[5] ¡menudo idiota!, en una crítica sobre una velada musical donde se interpretaron obras compuestas a partir de los poemas de Richard Dehmel, que incluso tuvo el descaro de enviarme, seguramente para demostrar que está haciendo todo lo que puede por mí. Me alegra no tener nada que ver con toda esta gente. También me llegó una carta del Urania. Deja claro que se trata de una

[1] Richard Specht (1870-1932), crítico musical de Viena. Alban Berg (1885-1935), compositor, discípulo de Schönberg. Karl Linke, discípulo de Schönberg.

[2] Paul Stefan, cuyo verdadero nombre era Paul Stefan Grünfeld (1879-1943), historiador y crítico musical.

[3] Hermann Bahr (1863-1934), escritor. Frank Wedekind (1864-1918), dramaturgo. George Bernard Shaw (1856-1950), poeta y dramaturgo.

[4] Peter Altenberg, cuyo verdadero nombre era Richard Engländer (1859-1919), escritor.

[5] Wilhelm von Wymetal, crítico musical de Viena.

institución muy distinguida y eso justifica que me ofrezcan ¡¡¡unos honorarios de doscientas coronas!!! ¡Los gastos de viaje ascenderían a ciento cincuenta marcos, perdería tres días y tendría que trabajar ocho! ¿Y aún se atreven a hablar de honorarios? Por lo menos, los jóvenes del Akademischer Verband tuvieron la amabilidad de ofrecerme esas mismas doscientas coronas como gastos de viaje. ¡Qué generosos! Pero es mejor así.

Jueves 15. He acudido con Webern al concierto de Strauss. La sinfonía de Hausegger, muy hermosa: la melodía es cálida, bastante honesta, pero pomposa y poco inteligente. Muy bien instrumentada, muy de Strauss. Gran ovación y algunos silbidos. Webern y yo bajamos al patio de butacas (estábamos sentados en un palco junto al escenario) para aplaudir con todas nuestras fuerzas. Los silbidos me indignan siempre. Un señor mayor, gordo, se burló de nosotros y me preguntó si no quería que me prestase su bastón para hacer más ruido. Me encaré con él. Me habría gustado preguntarle: «¿Con qué derecho se dirige usted a mí?», pero, en lugar de ello, como estaba fuera de mí, me limité a decir: «¡Perdone, caballero, pero creo que no sabe usted con quién está hablando!». El caso es que surtió efecto: como levanto mucho la voz, intimido a los viejos. Strauss hace una música muy agradable cuando lo que importa es el conjunto, pero es sumamente descuidado cuando hay que atender a los detalles y conseguir que todo encaje. La *Marcha del emperador*: ¡una pieza musical muy hermosa, puro Wagner! Ayer tuvimos algo de *Sigfrido*, ¡verdaderamente soberbio! Después de la última pieza esperé a Strauss. Fue muy amable, pero yo estuve muy torpe, más vergonzoso que cualquiera de los jovencitos de quince años (¡Zweig!) frente a mí. Empecé a tartamudear y estoy seguro de que Strauss tuvo la sensación de estar ante uno de esos devotos que le caen a uno tan mal. Perdí los papeles porque estaba empeñado en evitar que Strauss me viera como un egocéntrico, aunque no había ninguna necesidad. Al contrario, si me hubiera comportado como un egocéntrico, habría mantenido el dominio de mí mismo. Lo cierto es que me importa más bien poco: sé lo que ocurrió y eso me basta. Le presenté a Webern, pero no pude decir nada de él, porque no dejaba de tartamudear. Por la tarde, Webern vino a repasar conmigo unas canciones (que quiere publicar). Me gustaron mucho, tiene verdadero talento y es muy original: llegará lejos.

Domingo, 18 de febrero *Viernes, 16 de febrero*. Recibí una carta sumamente desagradable de Hertzka. Reproches demasiado tontos para considerarlos maliciosos y demasiado maliciosos para considerarlos tontos. En un primer momento, llevado por la ira, le escribí una carta bastante dura. Luego, por consejo de Mathilde, la rompí y decidí no responder.[1] Tal vez cuando nos encontremos en Praga y sea testigo de mi éxito, se verá obligado a comportarse como es debido. Ahora no puedo arriesgarme en absoluto porque, desde que firmó el acuerdo con la Dreililien Verlag, controla más de la mitad de lo que he escrito. En los últimos días, todo lo que parecía ir bien se está desmoronando. Es curioso que el cambio coincida con el momento en que cancelé la conferencia sobre Mahler. ¿Habré cometido alguna injusticia por la que estoy siendo castigado? Si es así, no ha sido mi intención, creía hacer lo correcto. Al principio no me sentía inclinado a seguir el ejemplo de Mah-

[1] Se ha conservado una copia de esta carta gracias a que la redactó en un bloc de papel autocopiativo.

ler, quien, después de que lo echaran, evitaba Viena a toda costa. Luego me di cuenta de que hizo bien y decidí romper mi compromiso. Tal vez habría tenido que anteponer esta obligación al resto. Pero tampoco se puede decir que me haya desentendido de ella, porque no me niego a pronunciar la conferencia en Praga, ¡y estoy dispuesto a repetirla en otras ciudades!

Sábado, 17 de febrero. Me entero por Gutmann de que la doctora Zehme duda en aceptar mis condiciones. Me resulta muy doloroso, porque contaba con ese dinero. Por otra parte, me siento aliviado, porque no me gusta que me presionen para que componga algo que no había previsto. Parece que el destino quiere preservarme de cualquier pecado artístico, por pequeño que sea. Cada vez que me falta el valor para rechazar un proyecto por el que recibiría una suma de dinero que necesito de verdad, el asunto se complica y termina fracasando. Así me mantengo puro, todo queda en un pecado de pensamiento, aunque siga siendo una falta grave. A pesar de todo, el tema me preocupa, ahora mismo tengo el ánimo por los suelos. Por la mañana, Mathilde me llama la atención sobre una opinión que Stefan deja caer en un artículo (¡verdaderamente estúpido!) publicado en *Der Ruf*. Sugiere que en lugar de crear la Fundación Mahler,[1] algo para lo que hasta ahora contaba con el apoyo de todos, se debería erigir un monumento al compositor. Estoy absolutamente seguro de que no es lo que Mahler tenía en mente y se habría opuesto a ello, pero ni puedo ni debo decir nada. Comprendo que un monumento, que a cualquiera de nosotros le parecería un formalismo vacío, podría complacer a los parientes y, en este senti-

[1] La Fundación Mahler de Viena para Artistas Necesitados, impulsada por Richard Specht.

do, Mahler podría haberlo aprobado. Pero seguro que no le habría parecido bien que se actuara con esta precipitación. Habría dicho: «O soy alguien y entonces el reconocimiento me llegará con el tiempo, o no soy nadie y entonces no lo merezco. En cualquier caso, habría que esperar a que haya consenso». Y yo creo que no dejará de haberlo, pero ahora mismo casi prefiero que no me hayan colocado al frente de la fundación. Por lo menos, cuando reivindique a Mahler, nadie podrá acusarme de buscar mi propio interés, y tendrán que creer que lo que defiendo se corresponde con mis convicciones. Dejando esto a un lado, debo decir que esta camarilla vienesa me resulta cada vez más antipática. ¡Me he llevado muy bien con Mahler, pero no puedo con sus herederos! Por eso he decido no esperar a la conferencia y rechazar la presidencia de la fundación en caso de que me la ofrezcan. Prefiero evitar suspicacias. ¡Ni interés, ni falta de interés! Ahora comprendo el comentario que Moll le hizo a Berg: «De momento la fundación no se ha creado».[1] A pesar de que un par de semanas antes me hubiera asegurado que recibiría la mitad de los fondos en el mes de enero (¡y ya estamos en febrero!). Me parece una actitud muy poco noble. También comprendo que Specht escribiera esa carta tan amable. Respaldaba la fundación Mahler y a mí como su director, pero es probable que ahora forme parte de la comisión responsable de erigir el monumento. Por la noche nos visitan los Webern. Interpretan una canción muy hermosa compuesta por él, que Winternitz cantó en su momento. Hasta ahora no me había dado cuenta de lo hermosa que es: una pieza auténtica, que Winternitz cantó con la misma falta de sentido y de alma que mis *George Lieder*.

Hoy, *18 de febrero*. Webern ha venido a verme por la ma-

[1] Carl Moll (1861-1945), pintor y artista gráfico.

ñana. Buscamos (incluso en el desván, en todas las cajas) una copia manuscrita, muy pulcra y trabajada, de sus piezas para orquesta, que recibí con mucha alegría cuando me la regaló, y llevo semanas tratando de localizar, sin conseguirlo. No ha habido manera de dar con ella. Me siento muy triste, porque soy muy cuidadoso con los manuscritos y no querría hacerle a nadie algo así, pero no sé dónde puede haber ido a parar. O se quedó en Viena o ha pasado algo con él, algo inusual, inesperado, de lo que no tengo la culpa. Al final se nos ocurrió pensar que nuestra antigua sirvienta, Mathilde Stepanek, una muchacha extraña, alocada y bastante estúpida, habría podido llevárselo «como recuerdo» o sustraerlo. Nuestra actual sirvienta, Johanna Maurer, lo considera probable, porque asegura haber visto el manuscrito, dice que la chica se lo enseñó. Le hemos escrito una carta. Después... disfrutamos de una tarde espléndida... pequeño paseo con Mathilde... ¡sin levita! He acabado de estudiar la partitura de Bach y ahora la conozco al detalle. He encontrado correspondencias temáticas muy interesantes (elementos de la fuga, el solo de flauta son variaciones sobre el tema).

11 de marzo Corro el riesgo de no poder continuar con este diario. En el fondo, ya apenas lo es. El viaje a Praga y otras ocupaciones me han impedido escribir regularmente. Dudo incluso que guarde memoria de los acontecimientos más importantes. Aunque lo que me habría gustado anotar no son los hechos, sino lo que no tiene que ver con ellos. En cualquier caso, trataré de apuntar lo que aún recuerdo.[1]

Lunes, 19 de febrero. Por la noche telefoneó Erich J.

[1] En las páginas siguientes, Schönberg hace un repaso de lo que ha sucedido desde el 19 de febrero.

Wolff y me preguntó si podría ocuparme de realizar la instrumentación de la *Adelaide* de Beethoven para la señora Culp.[1] Acepté inmediatamente porque llevaba mucho tiempo queriendo hacer algo similar. Creo firmemente que cuando alguien canta en una gran sala tendría que hacerlo acompañado por una orquesta. Si estamos legitimados para tocar música clásica con nuestros modernos pianos, que ofrecen un sonido colosal, no hay razones para que no podamos hacer lo mismo con una orquesta. Por supuesto, para realizar esta clase de adaptación hay que proceder con mucho tacto, ¡sin efectismos! Sólo la música que el propio Beethoven escribió, ¡eso sí, con nuestros medios! El reto consiste en conseguir que el sonido que tanto trabajo nos cuesta sacar de una partitura de Beethoven fluya con naturalidad. Así que acepté, aunque tenía que tener lista la partitura para el día 24, y el 21 de febrero me marchaba.

Al día siguiente, 20 de febrero, acudí a casa de la señora Culp por la mañana para recoger las partituras. Pedí que me cantara la pieza y pacté los honorarios (entre doscientos y trescientos marcos, un golpe de suerte que me permitió revivir una sensación que he experimentado con frecuencia en los últimos tiempos: que «estoy en las manos de Dios», pues sin estos ingresos, el primero de marzo me habría quedado sin dinero; llegó, una vez más, en el momento justo). La señora Culp tiene una voz hermosa, llamativa, aunque, por desgracia, es poco musical. Le gustaría encargarme la instrumentación de otras canciones clásicas, algo que me alegra mucho. Incluso estoy dispuesto a hacerle algunas propuestas. A mediodía me senté y estuve trabajando hasta las ocho de la tarde, con lo que dejé prácticamen-

[1] Erich J. Wolf (1874-1913), compositor y pianista que acompañaba a cantantes en Berlín. Por su parte, Julia Culp (1880-1970) era cantante.

te terminada la primera mitad de la pieza. Y, por lo que he visto, la mejor. Estoy muy contento con el resultado, más que con la segunda parte, que también está muy bien, pero en la que hay fragmentos para los que no se me ocurre nada. Tendré que seguir pensando. Luego hicimos las maletas…

El *miércoles, 21 de febrero*, Mathilde y yo nos despertamos de madrugada, a las dos y media, casi a la vez. ¡Qué misterioso! Decidimos levantarnos y concluir el resto de los preparativos. Partimos con Webern a las ocho de la mañana. Fue un viaje muy hermoso. ¡Sobre todo por el valle del Elba! No cabe duda de que es uno de los paisajes más hermosos que haya visto. Con una diversidad asombrosa. Con cada giro del río se descubre una nueva vista. Es un misterio que el agua discurra por allí, un valle estrecho, con montañas tan cerca del cauce del río. En la estación de Praga nos esperaban los Zemlinsky y Horwitz. Los Zemlinsky, muy amables y simpáticos. El resto del día pasó rápido, porque teníamos bastante de que hablar y Alex debía ponerme al corriente para que pudiera dirigir la orquesta. Me habló mucho sobre un joven director, Strasser, y sobre Keussler.[1] Yo estaba muy cansado y no veía el momento de echarme a dormir. Sin embargo, cuando me metí en la cama a las once, me costó conciliar el sueño y, por si fuera poco, a la mañana siguiente ya estaba en pie a eso de las seis. Así que ese día, el *22 de febrero*, tampoco pude aprovecharlo. Ese cansancio, del que no me pude desprender en ningún momento, marcó, por desgracia, mi estancia en Praga. No tuve un instante de tranquilidad porque resulta que Alex había organizado una fiesta en mi honor, y Stras-

[1] Gerhard von Keussler (1874-1949), director de orquesta y compositor, director de la Unión de Canto de Praga.

ser, Horwitz y los Wachsmann también querían invitarme.[1] En cierto modo, me alegraba, pero sobre todo me abrumaba. Me he acostumbrado a llevar una vida apacible, me voy a dormir a mi hora, paso mucho tiempo solo, nunca trato con demasiadas personas y rara vez hablo con extraños. Por eso me siento torpe cuando me encuentro con gente y, sobre todo, me canso muy pronto. Por otra parte, tengo que dormir lo suficiente: de siete a ocho horas. Cuando trabajo, me arreglo con cinco o seis. Pero cuando no es así, mi cuerpo necesita descanso, y me vence el sueño. Así que me preocupaba tener tantos compromisos por las noches. Además, me enteré de que los ensayos se habían distribuido de una manera muy desacertada. De las nueve ocasiones en las que podría trabajar con la orquesta (incluido el concierto y el ensayo general), siete se habían fijado entre el lunes y el jueves, de modo que, a excepción del lunes, los tres últimos días me enfrentaba a una doble sesión. No estoy acostumbrado a algo así y me pareció mucho. A pesar de todo, salió bien y habría salido mejor si no hubiera estado tan cansado por las veladas a las que tuve que asistir.

La primera noche nos habían reservado entradas para la *Ronda de las vacas* de Kienzl, una pieza lamentable. Strasser dirigió la orquesta (con mucha habilidad) por primera vez. Por eso, Alex no podía dejar de asistir. Strasser nos invitó a que le acompañáramos en la celebración que siguió al concierto. Tuvimos la oportunidad de conocerle a él, a su hermana y a su madre. La hermana, simpática; la madre, menos. En la mesa no pasaban ni quince minutos sin que llegara alguien interesado en hablar conmigo. Alex, por su-

[1] La familia Wachsmann formaba parte del círculo de amigos del matrimonio Zemlinsky en Praga.

puesto, se pasó la noche entera coqueteando con una mujer: la suegra de Horwitz, una muchacha con poca gracia pero muy alegre, que llama mucho la atención por lo guapa que es. Strasser no se apartaba de su madre, que estaba allí de visita. Más tarde llegó Keussler, que me monopolizó inmediatamente. Aunque estaba terriblemente cansado, tuve que escuchar durante una hora la charla de un hombre simpático, pero medio borracho, un pesado que no paraba de decir tonterías, lo que me agotaba aún más. Aunque Alex me había asegurado que podría retirarme a las once, tuve que acompañarlos a un café y nos dieron las dos de la mañana.

Al día siguiente, *viernes, 23 de febrero*, me levanté bastante temprano, con poca energía. Esa tarde iba a celebrarse el primer ensayo con la sección de viento. Yo estaba muy preocupado por el cansancio que acumulaba. Además, Zemlinsky no había parado de darme consejos, lo cual hizo que me sintiera inquieto, inseguro. Las cosas salieron verdaderamente mal. El comienzo [de *Peleas y Melisande*], con un compás de 12/8, me costó mucho trabajo. Por si fuera poco, en la sala hacia un calor terrible y no oía prácticamente nada. A Alex le desconcertó que Webern elogiara mi labor y consideró necesario «ayudarme». Esto, sin duda, me perjudicó con la orquesta. En cualquier caso, me desalentó enormemente. Se colocó a mi lado y en determinados momentos se puso él a dirigir a los músicos, lo que me pareció fuera de lugar. Me sentí triste y muy avergonzado. Después de aquello, me planteé seriamente si debía renunciar a dirigir la orquesta como estaba previsto. Sin embargo, cuando Mathilde, en lugar de darme ánimos, sugirió que debía retirarme, decidí perseverar y reafirmé mi determinación de que al día siguiente haría las cosas mejor. Es cierto que esa noche me fui a dormir temprano, pero a las dos y media ya estaba despierto, así que, una vez más, apenas pude descansar un par de horas.

A pesar de ello, el ensayo con la sección de cuerda del *sábado, 24 de febrero*, fue muy bien. Al principio, con el compás de 12/8, todavía tenía mis dudas. Pero luego fui ganando seguridad en mí mismo ¡y comencé a oír! Encontré el valor y los medios adecuados para corregir aquello que no funcionaba. Incluso sentía mi mano más suelta. A todos les pareció que había salido bien y eso me sirvió para afrontar el resto de los ensayos con más confianza. Me llama la atención que alguien que durante tanto tiempo fue ante todo un intérprete pierda el hábito de hacer música cuando las circunstancias le apartan de la práctica diaria. Seguro que hace diez años lo habría resuelto todo mucho mejor. A eso se añade que hoy en día aspiro a alcanzar cierto nivel. En este sentido, he de reconocer que no quedé nada satisfecho. No rendí lo que esperaba, no alcancé un nivel aceptable. Nos retiramos pronto. Para dormir tomé veronal, y esa fue la única noche en Praga en que descansé lo suficiente.

El *domingo, 25 de febrero*, por la mañana fuimos a visitar al director Teweles,[1] un hombre simpático, pero bastante pesado por sus continuas bromas. No soporto la falta de seriedad. Me pareció una persona estúpida y engreída, aunque sin malicia. Una combinación bastante común que me resulta insoportable. Por la noche, Zemlinsky ofreció una gran fiesta en su casa. Muy simpático. Me sorprendió la actitud de Ida, que nos colmó de atenciones. Saltaba a la vista que se alegraba de contar con nosotros como invitados y se mostró muy cordial. Todo lo contrario que Alex, que no tuvo ni una sola palabra amable para mí. Seguramente piensa que recibo demasiados elogios por parte de mi

[1] Heinrich Teweles, director de la Ópera Estatal de Praga.

círculo y es evidente que no quiere alimentar mi ego aún más. ¡Por desgracia se le olvida cuánto me desprecian en otras partes! No creo que se trate de envidia, pero sí percibo un punto de resentimiento y de amargura por el escaso reconocimiento del que goza, siendo, como es, un músico tan meritorio. Le entiendo muy bien. Temía que la falta de criterio del público y de su propio entorno recompensara la generosidad que había demostrado al procurarme esta oportunidad para dirigir, colocándome a mí por encima de él. Por suerte, no fue así. Yo mismo lo habría considerado una injusticia clamorosa. Puede que esta misma razón explique por qué le ha molestado tanto que mis discípulos publiquen un libro sobre mí.[1] Admito que el tono que utilizan para hablar de mis logros es demasiado exaltado. Aún soy joven para tantas alabanzas, lo que he hecho hasta ahora es poco e imperfecto, lo veo más bien como una promesa de futuro, una esperanza que algún día tal vez se confirme, pero nada más. Y debo decir que, si no hubiera sido por la ilusión que les hacía, tal vez habría hablado con ellos para que no publicasen nada. Por otra parte, me sentí tan halagado por el cariño que me mostraban que acepté gustoso ese testimonio de gratitud, si es que algo así se puede aceptar. También es un motivo de orgullo que todo o casi todo lo que han publicado esté tan bien escrito. Que le dediquen a uno palabras tan hermosas hace que se sienta tentado a creerse alguien. ¡Sobre todo las de Webern! Es una gran persona. ¡Qué conmovido estaba cuando me entregó el libro! Solemne y, sin embargo, espontáneo. Parecía uno de esos escolares que llevan bien aprendida la lección

[1] El volumen recopilatorio *Arnold Schönberg*, publicado en 1912 por la editorial Piper de Múnich, con colaboraciones de discípulos y amigos del homenajeado.

y no se dejan intimidar por nadie. Decidí que le ofrecería mi amistad con un brindis en la primera oportunidad que tuviera. Tampoco puedo olvidarme de Berg, de Linke y de Jalowetz, ni de Horwitz, ni de Kandinski. ¡Todos firmaron unos artículos espléndidos! Pero Alex ha conseguido que me avergüence de ello, por su escepticismo, le cuesta creer, y aunque sé que me tiene mucha estima, pienso que preferiría ser el único que reconociera mi capacidad. Es curioso que ponga en cuestión el entusiasmo de los demás. ¡Aunque me admire tanto como ellos! ¿Por qué?

Esa tarde pasé mucho tiempo hablando con Strasser. Es un hombre muy inteligente y también muy amable. Tratamos temas muy abstractos. Keussler no estuvo a la altura, se limitaba a repetir ciertos tópicos «artísticos»: «El artista no debe pensar demasiado, aunque pueda». Ése era el nivel. También cambié impresiones con Handl.[1] Es un tipo agradable, aunque le falta mucho camino por recorrer, todavía tiene que salir del círculo de Hermann Bahr y de [Max] Reinhardt. Por la noche llegó Berg y me alegró mucho. Se pasó por casa de los Zemlinsky para saludar. ¡Me retiré a las dos de la mañana!

Lunes, 26 de febrero, primer ensayo completo. Fui muy bien, cubrimos más de la mitad del programa. Después de mucho insistir, Alex admitió que había aprovechado bien el ensayo. Por la noche estuvimos en casa de Strasser. Fui el primero en irme, eran las doce.

Martes, 27 de febrero, ensayos por la mañana y por la tarde, muy bien en ambas ocasiones. Hacemos grandes progresos, soy mucho más práctico, he aprendido a esperar el momento oportuno para corregir, apenas me detengo en aquello que no considero importante. Es verdad que me falta valor para entrar en todos los detalles. Por la mañana

[1] Willi Handl (1872-1920), escritor y redactor.

ensayamos la segunda parte y nos sobró algo de tiempo para repasar la primera. Por la tarde, el programa completo, por tercera vez. La noche la pasamos en casa de Horwitz. Acudimos con la condición de que nos retiraríamos a las once. Nos marchamos justo después de la cena.

El *miércoles* por la mañana,[1] Alex ensayó el concierto para violonchelo de Saint-Saëns.[2] El día anterior había tocado la partitura a primera vista, pues no conocía la pieza: lo hizo con tanta energía que me dejó absolutamente asombrado. Comenté con Webern el talento que tenía. Ensayé por primera vez la música de Bach: salió muy mal, no sabía dónde detenerme, era mucho lo que había que mejorar. Había vuelto a equivocarme dejándome llevar por los comentarios de Alex, que había elogiado la habilidad de la orquesta. Por la tarde repetí el *Peleas*. Luego trabajamos sobre Bach, que salió algo mejor, pero no demasiado. Esa noche tuvimos otro compromiso: Linke, Polnauer,[3] Königer, Schmidt (un discípulo de Berg), la señora Webern y la señora Königer vinieron a verme. Me sentí muy a gusto rodeado de amigos tan queridos: Königer y Webern, con sus respectivas esposas, Linke y Polnauer. Me llevé una alegría.

Jueves, ensayo general. Conté con la presencia de Hertzka, que se mostró entusiasmado con mi forma de dirigir, como Gutmann. Les pareció que la orquesta sonaba mucho mejor bajo mi batuta que bajo la de Fried. A mediodía volví a rodearme de mis amigos. Por la noche, el concierto.

[1] En el manuscrito se aprecia un error en las fechas de los dos últimos días de febrero.

[2] Camille Saint-Saëns (1835-1921), virtuoso organista y compositor.

[3] Josef Polnauer, discípulo de Schönberg en Viena, más tarde sería su asistente en el seminario que impartió en las escuelas Schwarzwald de esta misma ciudad.

Bach es un éxito clamoroso. Me decepciona un poco, porque no tengo la impresión de haberlo hecho tan bien. El sosiego que transmito roza la frialdad. Si no hubiera sido por el compás de 12/8, que seguía preocupándome, me habría quedado dormido. Me esforcé por mostrar cierta pasión en los pasajes más expresivos para que la música conservara algo de su fuerza. ¡¡¡Y, sin embargo, sólo he recibido felicitaciones!!! Luego estuvimos celebrándolo todos juntos hasta bien entrada la noche.

El *29 de febrero*, cansado como estoy, tengo que atender a un reportero que desea hacerme una entrevista. Digo un montón de disparates y algunas cosas sensatas, pero él no hace distinción y se limita a repetir lo que he dicho sin criterio alguno. Abandono Praga a las doce del mediodía. Despedirme de mis amigos me duele mucho, ¡quién sabe cuándo volveremos a encontrarnos! Alex se despidió de mí de manera muy cordial. Él y yo nos veremos pronto porque la Sala de Lecciones y Conferencias de Praga me ha invitado a dar una charla. He anunciado que hablaré sobre Mahler y he acordado con Alex que el día 25 presentaré la *Sinfonía n.º 8*, que tiene previsto dirigir el 28 de marzo. Llegamos a Berlín a las siete de la tarde. Webern acude aún al concierto de Culp y Fried para escuchar la *Adelaide*.

1.º de marzo. Ya en Berlín. El 27 de febrero apareció en *Pan* mi segundo artículo. El primero se había publicado cuando me marché a Praga. Schmidt respondió el sábado. ¡Qué hombre más estúpido! El domingo, 25 de febrero, recibí el recorte que me envió Gutmann. Alex esperaba alguna reacción por mi parte, así que, aunque estaba agotado, me senté y escribí una réplica inmediatamente. El asunto levanta mucha polvareda y me procura muchos enemigos. ¡Los que merezco! Mi primer día en Berlín lo dedico a hacer el vago, estoy muy cansado. Webern nos visita a mediodía. Su mujer acaba de marcharse a Viena. Marschalk telefonea para invitarnos a su casa el domingo por la noche y aceptamos.

2 de marzo. Clark viene a recibir su clase. Cuenta que la *Adelaide* salió bien.

3 de marzo. Por la noche estuvimos en casa de Marschalk, con Stucken y su señora.[1] Gräner también acudió. La velada no tuvo mayor interés.

4 de marzo. No recuerdo haber hecho nada especial.

El *5 de marzo*, Rosé interpreta mi cuarteto. Numerosos silbidos, también ovaciones. Luego fuimos a celebrarlo con Rosé y sus músicos. Más tarde estuvimos con Stefan y su señora en el [restaurante] Rheingold. Conocí al profesor Friedberg y a su esposa,[2] personas simpáticas.

6 de marzo. Había pasado una mala noche y no pude hacer nada en toda la jornada. Me dediqué a pasear. Webern se marchó por la mañana. Pasará fuera algunas semanas. Lo echo mucho de menos. La noche anterior le ofrecí mi amistad con un brindis en el Rheingold. Me alegro mucho de haberlo hecho.

7 de marzo. No guardo ningún recuerdo de ese día. Tampoco del 8 ni del 9 de marzo.

El *10 de marzo* hicimos una excursión al Wannsee. El día 9 cerré el acuerdo con la señora Zehme, así que volveré a ingresar algo de dinero. Por la tarde, un hermoso paseo desde Klein-Machnow hasta casa.

11 de marzo. Por la mañana, en la escuela de Trudel por el examen. A primera hora de la tarde he escrito varias cartas y luego he completado el diario.

[1] Eduard Stucken (1865-1936), escritor.

[2] Carl Friedberg (1872-1955), pianista.

12 de marzo Por la mañana, de repente, me han entrado unas ganas locas de componer. ¡Hacía mucho tiempo que no sentía esa necesidad! Incluso había pensado que no volvería a escribir música jamás. Motivos no me faltaban. El empeño con el que mis discípulos me siguen, pisándome los talones, tratando de superar lo que yo les ofrezco, me expone al riesgo de convertirme en su imitador y me priva de la tranquilidad necesaria para seguir progresando a partir del punto en el que me encuentro. Lo elevan todo a la enésima potencia. ¡Y les funciona! Son verdaderamente buenos. Pero no estoy seguro de que merezca la pena. Por eso debo discernir con más cuidado que nunca lo que debo y lo que no debo hacer. Ya no me importa tanto la originalidad, aunque sigue proporcionándome muchas satisfacciones y, en cualquier caso, la prefiero a la falta de originalidad. También es cierto que he dedicado mucho esfuerzo a desarrollar un corpus teórico y no cabe duda de que la especulación seca la fuente de la creatividad. Puede que ése sea el motivo por el que hace dos años que ya no me siento tan joven. ¡Me sorprende lo sosegado que me he vuelto! Incluso cuando dirijo. Me falta agresividad, esa capacidad para salir de mí mismo, pasar al ataque y rebasar los límites. Tal vez la recupere ahora que vuelvo a componer, o tal vez ya lo haya hecho. Recuerdo que hace diez o doce años escribí un poema en el que expresaba mi deseo de vivir tranquilo, libre de afanes, hasta la vejez. Hoy, cuando miro al pasado y veo las inquietudes que mostraba entonces, casi siento nostalgia de ellas. Pero ¿no son precisamente las que vuelvo a experimentar ahora?

[*13 de marzo*] Sé que debería trabajar en la conferencia sobre Mahler que tengo que pronunciar el 25 [de marzo] en Praga. Pero durante los próximos días quiero dedicarme a componer. Ayer, *12 de marzo*, escribí el primer melodrama de *Pierrot lunaire*, creo que ha salido muy bien, está lleno de sugerencias, y siento que me conducirá a una nueva forma de expresión. No puede ser de otro modo, los sonidos se convierten en una manifestación inmediata, brutal, de los movimientos sensuales y anímicos. Es prácticamente una transferencia directa. Estoy ansioso por ver adónde me lleva, lo que sí sé es de dónde procede, ¡¡¡de la primavera!!! Siempre ha sido mi mejor época, vuelvo a sentir el movimiento dentro de mí. Se diría que soy como una planta, cada año me sucede lo mismo: en primavera casi siempre he compuesto algo.

23 de octubre de 1912 Tengo que tomar nota de esto. En Hamburgo, el 19 de octubre, después de interpretar *Pierrot lunaire*, Essberger, el clarinetista, admitió (él utilizó el verbo *confesar*) que en uno de los ensayos había tocado «La mancha lunar» con el clarinete de *la*, no con el clarinete de *si*, y yo no lo había notado. Es posible, pero eso no significa que no lo notara (en algún momento), aunque no me atreviera a decirlo, pues a nadie se le ocurre que uno de los músicos toque una pieza entera medio tono por debajo, sino que supone que no oye bien. Pero es bueno tenerlo en cuenta, pues explica por qué he dejado de ser confiado y me he convertido en un desconfiado: ¡¡¡por esta malicia!!!

24 de mayo de 1915 Se me puede reprochar, con razón, que olvidase la gratitud que le debo a la señora Mahler, cuando salí al paso de sus descalificaciones. Por desgracia, me vi forzado a actuar así. Prefiero que me censuren por mi ingratitud (que, en su caso, sería un pecado de omisión) que por mi servilismo (uno de los peores pecados de obra). En realidad, tampoco se puede decir que fuera ingrato, pues, de haberlo sido, habría actuado de una manera completamente distinta. De hecho, no tenía ninguna obligación para con ella. La deuda de gratitud que hubiera podido existir quedó saldada con el esfuerzo moral que me costó dirigirme al señor Karpath para hablar con él.[1] A partir de entonces quedamos en paz. Sea como sea, el tono que la señora M. empleó en su carta me habría liberado definitivamente de cualquier compromiso. No obstante, puse especial cuidado al redactar mi respuesta para no herirla innecesariamente. Por otra parte, las palabras de la señora M. me abrieron los ojos, haciéndome ver que el reconocimiento con el que contaba por mi parte era completamente inmerecido (pues su aprecio hacia mi persona era tan superficial que resultaba insultante y sólo por ello pudo transformarse, en tan poco tiempo, en lo contrario). Ha sido la gratitud la que me ha impedido romper todo contacto con ella y me ha animado a dejar un puente que puede cruzar si desea disculparse. Por gratitud conservaré en la memoria el bien que la señora Mahler me ha hecho en tantas ocasiones. Y, finalmente, mis logros se convertirán en el mejor testimonio de gratitud, demostrando a la señora M. la rectitud de mi proceder, que ahora pone en duda. No sé y no puedo decir si algún día reconocerá su error y estará dispuesta a rectificarlo. Pero, en cualquier caso, no debería olvidar fácilmente la situación en la que me coloca justo ahora, en medio de la guerra.

[1] Ludwig Karpath (1866-1936), historiador de la música y crítico musical.

PRESENTACIÓN DE LA ÓPERA CÓMICA «DE HOY A MAÑANA»

CON MOTIVO DE LA FUNCIÓN QUE EL PROPIO COMPOSITOR DIRIGIÓ PARA LA FUNK-STUNDE BERLIN

Son muy pocas las personas capaces de imaginar lo que ocurriría si se hicieran realidad las consignas que están en boca de todos. Les pasa como a aquel reservista austríaco del que a comienzos de la guerra se contaba la siguiente anécdota. Entusiasmado con la perspectiva de dejar la oficina en la que trabaja y pasar al servicio activo en el frente, acaba con sus compañeros junto a un bosque desde el que los rusos, ocultos entre los árboles, abren fuego. Espantado les grita: «¡Eh! ¿Qué pasa ahí? ¿Cómo se les ocurre disparar? ¿No ven que aquí hay gente? ¡A ver si vamos a tener que lamentar alguna desgracia!». Había imaginado que la guerra sería como un ejercicio táctico. Estaba entusiasmado porque no tenía ni idea de la realidad. ¡Cuántos males evitaríamos en la vida, en la política, en el arte, en el ámbito privado, si imaginásemos las consecuencias que pueden tener nuestras decisiones, si el político pensara en aquellos a los que envía a la muerte, si el jefe fuera consciente de lo que significa un despido y el empleado de lo que supone una ausencia!

Comparadas con esto, las consignas de la moda se nos antojan inocentes. Imaginar qué aspecto tendremos con una corbata ancha o estrecha, con unos pantalones sueltos o ajustados, con el cabello largo o corto nos parece banal porque, en el fondo, es una cuestión de gusto y el estilo que hoy se impone cambiará la próxima temporada. Ahora bien, el asunto se vuelve más preocupante cuando estas consignas afectan a los fundamentos de la vida privada: la relación entre ambos sexos, el matrimonio. Porque, como decimos, lo que ahora está en boga dejará de estarlo antes o después.

En cuestiones como ésta no es buena idea dejarse llevar por las modas, porque una vez que se han destruido los fundamentos, es imposible construir algo sólido. Sin embargo, hay locos sin fantasía, sin imaginación, que renuncian alegremente a su felicidad, desprendiéndose de ella como si fuera una corbata ancha, un pantalón amplio, una melena o un vestido largo o corto. Nadie, con independencia de la clase social a la que pertenezca, puede sustraerse a los dictados de la moda. Se le permite que sea pacifista o belicista, decadente o puritano, un canalla o una persona íntegra; pero, para ser independiente de verdad, se necesita más valor que el que se puede esperar de un ciudadano medio. Eso no quiere decir que no debamos alentar a los débiles. La mayoría se conformará con repetir las consignas que se consideran modernas, pero quizá otros asuman el riesgo que implica ser decente. Uno no tiene por qué ser vulgar porque los demás lo sean. De hecho, puede que éstos actúen así porque no se han parado a pensar.

Ésta es la reflexión que pretende suscitar el libreto de la ópera *De hoy a mañana*. A pesar de la forma deliberadamente ligera y sencilla con la que se reviste, su propósito es despertar la conciencia del público.

En el resumen que sigue me gustaría llamar la atención sobre algunos detalles que pueden pasar desapercibidos en la lectura dramatizada: en concreto, ciertas acciones de los personajes y algunos efectos que tienen que ver con lo que se muestra en escena.

Marido y mujer regresan a casa después de haber asistido a una reunión social. El marido habla con entusiasmo de una antigua compañera de escuela de la mujer, con la que se ha pasado hablando toda la tarde. Señala, con muy poco tacto, el contraste entre esta dama tan elegante y la «solícita ama de casa» con la que se ha casado. La mujer oculta su frustración y le reprende con dulzura haciéndole ver que se deja deslumbrar por «cualquier desconocida que siga la moda», aunque reconoce el peligro que amenaza su dicha conyugal. Entonces intenta despertar sus celos hablándole de un famoso tenor que le ha hecho la corte en esa misma fiesta y cuya compañía le ha parecido de lo más agradable. Cuando el marido la ridiculiza con sus ofensivos comentarios, a ella se le acaba la paciencia y decide mostrarle lo que su falta de imaginación le impide ver: que ella también puede ser moderna, si se lo propone, y que él lo pasaría verdaderamente mal si fuera una «mujer de hoy».

Entonces sucede lo que le sucedería a cualquier matrimonio: cuando uno se desentiende de sus responsabilidades, la vida del otro se vuelve mucho más difícil y esto le sirve de escarmiento. Por otra parte, queda claro cuánta razón tiene Strindberg cuando advierte que cualquier comparación que establezcamos entre el aspecto y el comportamiento de nuestro cónyuge, con el que compartimos la vida, y los de las personas con las que compartimos una velada, siempre será desfavorable para él.

Después de cantar un dueto con su marido (momento al que el oyente debe prestar atención), la mujer toma la palabra: «¡Esto se acabó!». Entonces se pone un moderno vestido que le proporciona una bailarina, su cuñada, «la tía Liesl» (su sobrino, hijo de la pareja, aparecerá más tarde), se maquilla y aparece ante su consorte con un aspecto fascinante. Éste deja de ser el esposo aburrido que era y se convierte en su «rendido admirador». Por desgracia, el cambio que se ha producido trae consigo una serie de consecuencias que tendrá que asumir sin una sola queja. En primer lugar, los futuros amantes de su esposa, que no quiere saber nada de un solo hombre, busca lo nuevo, «la variedad», estar con unos y con otros, y obliga a su marido a salir de noche, a beber y a bailar con ella. Mientras él va a buscarle una cerveza, gesto que provoca las burlas de la mujer («¿Crees que quiero bailar al estilo tirolés?»), ella, como buena ama de casa, se preocupa de que los cojines que ha arrojado sobre el suelo con muy mal genio no se estropeen. Con el ruido del baile, su hijo se despierta y aparece en el salón vestido con un pijama y medio dormido. Ella se desentiende del niño para espanto de su esposo: «Déjame tranquila y vete a dormir». El hombre intenta calentar un poco de leche, pero se quema los dedos. Entonces suena el timbre: es el cobrador del gas que trae un recibo. No hay dinero en casa: la mujer se lo ha gastado todo en ropa, la que lleva puesta y tanto gusta a su marido. «¿Y si nos cortan el gas?». «Entonces nos iremos a un hotel y viviremos de prestado, como hace todo el mundo hoy en día». Y, sin pensárselo dos veces, pide al marido que empiece a hacer las maletas para que puedan mudarse.

En ese instante suena el teléfono y se escucha la voz del cantante que se encuentra en un bar con la antigua compañera de escuela de la mujer y pretende culminar la conquista que emprendió durante la fiesta. La mujer acepta con mucho gusto y trata de convencer a su esposo, que ahora se encuentra hundido, para que la acompañe al bar donde le está esperando su amiga. Pero el hombre ya no tiene interés alguno en ella: «Esa mujer tiene la culpa de nuestra desdicha». Estas palabras confirman la victoria de la esposa y el desengaño del marido. Es entonces cuando ella vuelve a ponerse el vestido corriente y deslucido que utiliza para andar por casa y termina su comedia: «¿Quieres que vuelva a ser yo, la que no está dispuesta a abandonar a su marido y a su hijo por loca que se vuelva la moda?». A punto ya de reconciliarse, la pareja tiene que superar otra prueba. El famoso tenor y la antigua compañera de escuela, que han estado esperándolos en vano, aparecen en su casa. Comienza entonces un alegre número, que exige la participación de todo el elenco, en el que la amiga y el tenor tratarán de convencer al matrimonio para que adopte un estilo de vida más libre, más acorde con los tiempos. Los animan a «vivir vuestra propia vida», pero ellos lo rechazan: «Si ambos vivimos nuestra vida, ninguno vive otra que no sea la suya». La compañera y el cantante se retiran. La mujer y el marido, conscientes de su triunfo, se despiden de ellos: «No sois más que pálidos personajes de teatro».

El hombre y la mujer se sientan a desayunar. Ahora saben que la luz y la oscuridad, lo que se percibe como «radiante y colorido», tanto en la vida como en el arte, incluso en la visión del mundo, no es sino cuestión de modas. Porque todo cambia «de hoy a mañana».

HOMENAJE A SCHÖNBERG

por JOSEF RUFER

En la primavera de 1957, por encargo de la Academia de las Artes de Berlín, sucesora de la Academia de las Artes de Prusia, viajé a Los Ángeles para visitar la casa en la que había vivido Arnold Schönberg. Mi propósito era revisar el legado artístico del maestro, ordenarlo y publicar el resultado.

Al entrar en el estudio de Schönberg me pareció que la realidad se había trastocado de un modo extraño. Me encontraba a miles de kilómetros de casa, en un país que no tenía nada que ver con el mío ni por su naturaleza, ni por su clima, ni por la educación y la forma de pensar de sus habitantes, ni tampoco por su lengua. Pero, entre aquellas cuatro paredes, todo, incluso las sensaciones que suelen embargar al recién llegado, intensas, profundas, complejas, a menudo fascinantes, parecía ceder de repente para trasladarme a una época lejana, casi olvidada: el año 1919, el día en que entré por primera vez en el despacho del músico en Mödling, cerca de Viena. Me rodeaban los mismos muebles sencillos, lisos, lacados en negro, que el propio Schönberg había diseñado. En medio de la sala, el piano. Estanterías y baldas repletas de partituras y libros. Una mesa de trabajo con una escribanía, y encima gavetas y cajas de puros con lápices de todos los tamaños, algunos de ellos de colores, en cubiletes hechos por él mismo, reglas y escuadras, todo tipo de utensilios y cuadernos de notas que él se encargaba de confeccionar y encuadernar. Todo lo que tenía ante mí había surgido de sus manos. Era como si hubiera seguido trabajando hasta ese momento en aquella habitación, que estaba exactamente igual que hacía décadas, en Viena y luego en Berlín. Vi la edición de las obras completas de Bach con la que estaba familiarizado por sus clases, las partituras de Mozart, las sinfonías y las sonatas de Beethoven, y también sus piezas, las de Schönberg, encuadernadas artesanalmente. Era un magnífico encuadernador. Nosotros, sus discípulos, habíamos sido testigos del cuidado y la habilidad con que manejaba los materiales para realizar esta labor. En un rincón seguía el violonchelo que tanto le gustaba tocar. Le recuerdo en Mödling, sonriendo ante nuestros rostros perplejos, una vez que le oímos tocar la *Sonata para violonchelo* de Grieg acompañado al piano por su hija. Entonces nos preguntó: «Bueno, ¿qué les parece? Es tan hermosa que, cuando uno la interpreta, podría ponerse de rodillas. Es muy importante escribir bien para un instrumento, porque el intérprete quiere demostrar lo que sabe hacer». Aquello había sucedido en esta habitación. Incluso el verde del jardín que veía a través de la ventana me recordaba al pasado. Para mí, en cierto modo, fue como una vuelta al hogar.

Schönberg no llegó a regresar a Viena por el delicado estado de salud que marcó sus últimos años de vida. Pero en espíritu jamás abandonó su patria. No podía sustraerse a ella, desde su juventud se había convertido en parte de su ser. La llevaba consigo allá donde fuera, se hacía presente en todo lo que pensaba y sentía. Su patria era el espíritu alemán, la música alemana. Ningún acontecimiento político, ningún decreto, ni siquiera la emigración consiguieron destruir, ni siquiera turbar, su mundo. Conservo una carta de Schönberg fechada en agosto de 1933, es decir, pocos meses después de haber abandonado Alemania. En ella se refiere a una nota que había publicado en un periódico francés, en la que se distanciaba con absoluta claridad de todos aquellos emigrantes, personas prominentes, que renegaban del pueblo alemán en su conjunto. Él poseía un instinto infalible para diferenciar el grano de la paja, tanto en su arte como en la vida. Había aprendido a hablar y a pensar musicalmente con Bach y Beethoven, con Mozart y Brahms. En el verano de 1921, en Traunkirchen, a orillas del Traunsee, salimos a pasear una tarde, como era nuestra costumbre, y empezamos a hablar de su trabajo. Entonces me dijo: «Lo que he logrado hoy me asegura un puesto de honor en la música alemana para los próximos cien años». Schönberg acababa de formular su *Método de composición con doce tonos que están relacionados sólo entre sí* y lo había sometido a una primera prueba de composición. Hoy, después de más de medio siglo, todo músico sabe que no se equivocaba en su predicción: el dodecafonismo se ha convertido en el motor que ha impulsado la música del siglo XX. No obstante, su núcleo y su punto de partida es la música de los maestros alemanes clásicos y preclásicos.

La sensación de haber vuelto al hogar se confirmó cuando comencé a trabajar con el legado de Schönberg. Encontré una pequeña nota amarillenta, escrita a lápiz, con el borrador de un artículo para la revista *Der getreue Eckart*, que comienza con estas palabras: «Cuando pienso en la música, lo quiera o no, la que tengo en mente es la música alemana». El artículo, titulado «Música nacional», se publicó en 1931 y constituye una prueba clara e inapelable de que la música de Schönberg, en su conjunto, es heredera de la tradición musical alemana. «Mis primeros maestros fueron Bach y Mozart, luego vinieron Beethoven, Brahms y Wagner». Schönberg explica detalladamente lo que aprendió de cada uno de ellos y lo hace de una forma tan precisa que este apunte constituye en sí mismo un pequeño compendio de teoría de la composición, al tiempo que ofrece un profundo análisis del estilo de los autores citados, en el que se plantean novedosos puntos de vista sobre la naturaleza de su música, imprescindibles para comprender su obra. Por otra parte, la música de Schönberg demuestra el arraigo del compositor y su fidelidad a la esencia del espíritu alemán, palpable en tantas ocasiones, incluso en un plano meramente formal. Me limitaré señalar los magistrales arreglos, casi desconocidos, tanto para coro mixto como para canto y piano, de antiguas canciones alemanas de los siglos XV y XVI. Las sutilezas que encierran esos arreglos asombrarán a cualquier melómano.

Cuando abandoné Los Ángeles, después de tres meses de trabajo, era consciente de que había sido aquí donde se habían ido depositando los materiales que daban cuenta del pensamiento y la labor de un espíritu tan innovador como genial y que esta documentación se había conservado, casi sin lagunas, por lo menos desde 1910, el comienzo de la época atonal. Los hallazgos que fui realizando a partir de manuscritos y hojas sueltas, numerosas notas de todo tipo, comentarios en los márgenes de los libros, partituras y revistas iban configurando, poco a poco, la imagen de un personaje deslumbrante, cuya envergadura intelectual le confería una universalidad increíble, que, al menos de entrada, resultaba sobrecogedora. Literalmente no hubo nada que no llamase la atención de este espíritu abierto y lúcido, de este pensador agudo, certero, que abordó todo tipo de asuntos desde una perspectiva arrebatadoramente brillante y moderna. Cuando las generaciones venideras quieran acercarse a la cultura y la civilización de la primera mitad de nuestro siglo, descubrirán que las claves para hacerlo se encuentran en el legado de Schönberg. Trataré de hacer un breve repaso de las cuestiones de las que se ocupó en más de setecientos tratados, entre los que no cuento sus numerosos trabajos sobre teoría de la música. Existen estudios sobre moral, imagen del mundo, visión de la vida, filosofía y estética, sobre política, economía o cuestiones sociales, tratados centrados en la naturaleza, la física, los animales. Entre todos ellos destacan, por su abundancia, los dedicados a temas religiosos, interés que también se refleja en su producción artística. No me resultó nada fácil catalogar y clasificar estos escritos, ya que, en muchos casos, tocaban dos o más temas al mismo tiempo. El pensamiento global caracteriza a Schönberg como persona, como artista y como maestro: veía cada elemento como parte de un conjunto mayor. Así se explican muchas de sus sorprendentes intuiciones, que jamás se habrían revelado si hubiera considerado tales elementos de manera aislada: «Toda idea, si es verdaderamente buena, tiene al menos dos caras distintas», solía decir, refiriéndose también a la música. Son muchos los artículos y notas que tienen que ver con lo lingüístico. Para él, la corrección en el uso de la lengua era condición indispensable para un pensamiento lúcido. Por eso le preocupaba tanto encontrar la palabra justa. ¡Cuánto se pudo reír con una oferta que prometía «Siete días de guantes» o con quienes hablaban de «aterrizar en el agua»! ¡Qué comentarios tan mordaces le sugerían los giros que utilizaban los periodistas! ¡Cuánto le gustaba mostrar con ejemplos concretos que los errores en la escritura y la confusión de ideas iban de la mano, tanto en el idioma como en la composición!

Recuerdo una carpeta en particular que contenía indicaciones, instrucciones, invenciones, propuestas y mejoras. Entre ellas, algunas muy curiosas, que ilustran el vigor intelectual y el carácter polifacético de Schönberg. Encontré los planos de una prensa de encuadernación, los de una mesa para mecanografía o los de una máquina de escribir partituras, todos ellos acompañados de los comentarios correspondientes y listos para patentar. La BVG (la Compañía de Transportes de Berlín) podría presumir (si supiera apreciarlo) de poseer un texto de Schönberg escrito de su puño y letra. En una carta fechada el 12 de enero de 1927 se dirige a la dirección de la Empresa de Tranvías de Berlín para proponer un modelo de billete que facilitaría el transbordo de los viajeros, junto con indicaciones detalladas para su producción: jamás recibió respuesta alguna. Como músico, Schönberg inventó una partitura dodecafónica que fue publicada en la década de 1920 en una revista especializada de Viena. En su práctica como director de orquesta y como estudioso de la música de cámara moderna había advertido las carencias a las que se enfrentaban los profesionales por el continuo desarrollo de la música y constituían un freno tanto para los compositores como para los ejecutantes. Igual que las partituras han ido cambiando a lo largo de los siglos, de modo que un lego quedaría desconcertado si pusiéramos en sus manos una del siglo XIV, Schönberg desarrolló una notación dodecafónica que incorporaba los cambios que se habían producido en la transición de la tonalidad a la atonalidad. Fueron también razones de índole práctica las que lo llevaron a crear una «Partitura simplificada para dirección y estudio», que proporcionaba una visión de conjunto y reflejaba de manera mucho más clara y articulada la estructura de una pieza moderna. Eso ocurrió en el año 1914. Desde entonces, Schönberg escribió todas sus obras para orquesta utilizando *particelle*, mientras que las ediciones impresas, salvo contadas excepciones, emplean partituras convencionales, lo cual resulta sorprendente, ya que, por regla general, nuestro pensamiento es más flexible y se adapta rápidamente a las soluciones técnicas que suponen una mejora. En la citada carpeta encontré un buen ejemplo de ello. Se trata de un boceto, anterior sin duda a 1933, con detalles para construir una autopista. El proyecto se corresponde con el modelo de vía con diferentes intersecciones que más tarde se implantó en Estados Unidos y, con el tiempo, llegó a Europa. Esto demuestra, una vez más, la capacidad de Schönberg para identificar y llegar al fondo de cualquier problema. Según él, una vez que lo hemos comprendido y realizamos un planteamiento correcto del mismo, encontramos la clave para darle solución.

Cuando estalló la Primera Guerra Mundial, Schönberg se incorporó como voluntario al Regimiento de Grandes Maestres de la Orden Teutónica de Viena, que abandonó al cabo de poco más de un año por motivos de salud (padecía asma). Desde entonces no dejó de ocuparse de cuestiones políticas, económicas y sociales. Un ejemplo de ello son los apuntes publicados en una revista del año 1914 bajo el título «Nubes de guerra. Un diario». En 1917, tras reincorporarse al servicio y licenciarse por segunda vez, en esta ocasión de manera definitiva, escribió «El mantenimiento militar de la paz internacional», una reflexión que hoy consideraríamos profética. Por lo demás, su paso por el ejército también le inspiró algunas obras musicales: instrumentaciones para marchas militares y una pieza original, una marcha titulada «La brigada de hierro», que compuso para una cena de gala organizada en el campamento de Bruck del Leita, durante el período de instrucción. En la portada se puede leer: «Manuscrito original regalado en 1916 en Bruck del Leita al doctor Kusmitsch, primer teniente y funcionario judicial en Budapest (que no supo apreciarlo)». También conservamos el testimonio de alguno de sus camaradas que participó en la velada y comenta asombrado: «Compone música con la misma rapidez con la que nosotros escribiríamos una carta». De aquella época se cuenta una curiosa anécdota, que resulta muy reveladora. Antes de 1914, el nombre de Schönberg aparecía con frecuencia en los periódicos de Viena por los escándalos que se producían en el estreno de sus obras. Por eso, eran muchos los que, después de conocer al recluta Schönberg, le preguntaban: «¿No será usted ese compositor que tiene tantos enemigos?», y Schönberg, aunque no quería, se veía obligado a dar explicaciones: «Así es. ¿Qué le parece? A nadie le gusta vivir rodeado de enemigos, pero alguien debía tenerlos y yo me he prestado a ello». Y cuando su interlocutor mostraba su amabilidad asegurando que era un gran honor poder servir en la misma compañía que él, Schönberg le respondía: «En absoluto. La compañía tiene cuatrocientos hombres y uno sólo es muy poca cosa».

En los artículos sobre política que aparecieron en 1932, cuando ya se perfilaba la catástrofe que iba a abatirse sobre Alemania, Schönberg se dedicó a analizar conceptos como el poder, las mayorías, el fascismo y, sobre todo, la idea de Estado sobre la que continuó reflexionando hasta su muerte. En 1929 publicó «La economía mundial», una propuesta (así reza su subtítulo) para salir al paso de la crisis que, como es sabido, se extendió desde Estados Unidos por todo el mundo, incendiando el horizonte político. En estas circunstancias, la toma del poder por parte de los nacionalsocialistas a finales de enero de 1933 no cogió a Schönberg por sorpresa, aunque supusiera una conmoción. Sabía lo que se avecinaba. Con profunda tristeza, sin un atisbo de odio, siguió el desarrollo de los acontecimientos en el país que, desde su juventud, consideraba su patria. Sólo podía sacudir la cabeza cuando oía decir: «Dejad que los nazis lleguen al gobierno, así nos libraremos de ellos antes». Jamás olvidaré sus palabras: «El suelo de Alemania se volverá cada vez más pedregoso y terminará convertido en un páramo desierto», una visión profética del campo de ruinas al que quedó reducida la nación después de 1945, una imagen que pocos podían imaginar. En aquellas semanas me encontré con Hindemith y le pregunté si era verdad que Schönberg quería abandonar Alemania. Él me aseguró que le haría cambiar de opinión, pues era el momento de permanecer unidos y resistir. Schönberg, sin embargo, abandonó el país en mayo de 1933. Desde Estados Unidos escribió una carta a la Academia de las Artes de Prusia, que en 1925 le había ofrecido suceder a Ferruccio Busoni al frente de la clase magistral de composición que éste había dirigido hasta entonces:

En la sesión que celebró la academia el pasado 1.º de marzo se realizaron declaraciones que ponen en cuestión mi continuidad en el puesto que he ocupado hasta este momento. El amor propio y los méritos profesionales que acumulo me habrían invitado a retirarme voluntariamente hace tiempo. Si acepté la halagadora propuesta de la academia, fue porque de ese modo podía satisfacer mis aspiraciones como profesor y difundir mi conocimiento, tarea que consideraba una obligación y en la que entendía que tenía mucho que ofrecer a mis alumnos. Creo haber cumplido mi objetivo sobradamente. He transmitido a mis alumnos una concepción del arte seria y moral. Si se mantienen fieles a ella, podrán conducirse con honor en todas las circunstancias de la vida. No voy a entrar en detalles porque sólo serviría para restar importancia a lo mucho que he conseguido. En cualquier caso, cuando me ofrecieron el cargo, no me sacaron de la oscuridad ni me tributaron un honor que no me correspondiera. Y nunca me han faltado alumnos con los que habría podido ganarme muy bien la vida.

No obstante, cuando recibí su oferta, lo dejé todo y trasladé mi residencia para poder trabajar en su institución. Alguien como yo, irreprochable en términos políticos y morales, ofendido como artista y como persona, expulsado del círculo en el que se desenvolvía, no debería sufrir además un quebranto económico y mucho menos ver peligrar su forma de vida.

Por ello me permito solicitar que satisfagan los honorarios que me corresponde percibir en virtud de mi contrato (en vigor hasta el 30 de septiembre de 1935) y cubran además los costes que origine mi nuevo traslado al extranjero. Me convendría recibir el dinero en efectivo para poder sacarlo del país, pues me veré obligado a utilizarlo durante los próximos años para rehacer mi vida.

Con la esperanza de obtener una respuesta favorable por su parte, firmo la presente con el testimonio de mi máximo respeto.

ARNOLD SCHÖNBERG,
director de la clase magistral de Composición

Sobra decir que esta solicitud, aunque más que justificada, jamás se atendió.

Aunque en circunstancias completamente distintas, la política siguió ocupando a Schönberg en Estados Unidos, donde vivió desde el otoño de 1933 hasta su muerte, primero en Nueva York y poco después en Los Ángeles, donde se estableció por motivos de salud, para beneficiarse del favorable clima californiano. El duro destino que tuvo que soportar fue otro motivo para no perder de vista el curso de la política internacional y sus consecuencias. En 1937 publicaba un artículo titulado «Estados Unidos y Japón» y en 1950, un año antes de su muerte, seguía manifestando su opinión sobre cuestiones políticas. El futuro del Estado de Israel le preocupaba especialmente.

Cuando era joven y aún vivía en Viena, Schönberg había ingresado en la Iglesia Evangélica. Durante treinta años, al margen de cuestiones doctrinales, eclesiásticas, se interesó por el tema de Dios, el hombre y el mundo. Un asunto que también se refleja en su obra, sobre todo en el oratorio *La escalera de Jacob*, cuya letra redactó personalmente alrededor de 1915, después de fracasar en su intento de armarlo a partir de un compendio de textos de la literatura universal. Tres años antes, inspirado por una carta que le había escrito Richard Dehmel después de escuchar su sexteto de cuerda *Noche transfigurada*, respondía al escritor en estos términos:

> Llevo tiempo queriendo escribir un oratorio centrado en el hombre de hoy, que ha conocido el materialismo, el socialismo y la anarquía, que ha sido ateo, pero que ha conservado un resto de su antigua fe (en forma de superstición). Mi intención es mostrar a este hombre en lucha con Dios (pienso, por ejemplo, en *Jacob lucha*, de Strindberg) hasta que por fin lo encuentra, se hace religioso y... ¡aprende a rezar!

Es una confesión esclarecedora. Schönberg pasó buena parte de su vida en lucha con Dios, pero jamás renunció a buscarlo, poniendo la fe en el centro de su vida. Las palabras de este hombre de treinta y ocho años—¡aprende a rezar!—inauguran un camino que culmina con las que abren su última composición, el primero de una serie de salmos modernos que Schönberg escribió en su último año de vida y no llegó a concluir: «Y, sin embargo, rezo...». Esa concesión, «sin embargo», nos habla de la tragedia que desgarra a todo genio.

La vuelta de Schönberg a la fe judía se produjo a comienzos de la década de 1920. En este punto hay que distinguir entre lo que pensaba, decía y escribía por necesidad interior y lo que juzgaba adecuado para responder al antisemitismo que crecía incesantemente, alentado por Hitler. Según se desprende de los textos que conservamos, Schönberg se ocupó del antisemitismo por primera vez en julio de 1923, al hilo de una noticia que había aparecido en un periódico de Berlín, el *Tag*, y llevaba por título «Las asambleas de Múnich». Él, que desde la Primera Guerra Mundial no había desaprovechado ninguna ocasión para comentar con sus amigos y discípulos cualquier suceso que despertara su interés, no se pronunció sobre este tema ni sobre cuestiones político-religiosas hasta la década de 1920, ni siquiera en su círculo de confianza, y no porque fueran un tabú, sino porque era evidente que no le preocupaban. Estoy firmemente convencido de que la chispa que prendió su interés por la religión judía fue un suceso que tuvo lugar en el verano de 1921. Algunos discípulos del maestro habíamos viajado con los Schönberg a Alta Austria buscando un poco de fresco en pleno verano. Fue así como nos presentamos en Mattsee, sin saber que esta localidad era famosa desde hacía tiempo por su antisemitismo radical. Poco después de llegar, Schönberg recibió una tarjeta con el siguiente mensaje:

> Para el famoso compositor A. Schönberg, que ahora mismo se encuentra, por desgracia, en Mattsee. ¿¡Famoso maestro!? Si le interesa saber qué pensamos de los judíos en Mattsee, le recomiendo que lea el artículo que publica el periódico de hoy al respecto. Sería prudente que lo tomara en consideración.
>
> UN ARIO QUE DISFRUTA
> DEL FRESCO EN PLENO VERANO

Al día siguiente nos marchamos de allí. Schönberg conservó la tarjeta postal como testimonio. Tras experimentar el desprecio, el rechazo y el odio es comprensible que este pensador incorruptible comenzase a interesarse por la raíz del problema y analizara exhaustivamente la cuestión judía. No es de extrañar, por tanto, que el legado contenga tantos artículos, documentos y estudios sobre el pueblo judío, el Estado judío y cuestiones afines. Incluso se conserva un drama, *El camino bíblico*, que Schönberg envió a Franz Werfel con la intención de que éste lo adaptara para su representación teatral. En la carta que lo acompañaba, sin fecha pero escrita después de 1945, en la que destaca una frase que dice mucho de Schönberg: «Cuando encuentras una buena idea, todo fluye», el compositor dice lo siguiente:

> No cabe juzgar este texto por su valor artístico, pues se trata de una obra comprometida, cuyo propósito es hacer propaganda. En lo que respecta a la cuestión nacional judía, considero que el efecto político está muy por encima del valor artístico. Ya sabe usted que quiero trabajar por el pueblo judío. Cuando acabó la guerra, comprendí en qué circunstancias se hallaba y, desde entonces, he pensado en cuál podría ser mi contribución. Desde 1921 [!] tenía el propósito de escribir una obra de teatro para propagar estas ideas.

Con independencia de su intención, *El camino bíblico* demuestra la capacidad de la fantasía artística para anticiparse al futuro. Escrita en 1926, es decir, antes de los Congresos de Núremberg y sus desfiles, mucho antes de que se inventasen los misiles y las armas nucleares, la obra anuncia ambas cosas. El segundo y el último cuadro del primer acto se desarrollan en una gigantesca explanada deportiva por la que la juventud israelí desfila en un ambiente festivo, al son de las trompetas, cantando un himno. El acto se cierra con un apasionado discurso del líder Arun, que es respondido con ovaciones. Es cierto que el contexto es distinto:

se trata de una fiesta que conmemora y exalta la fundación de un nuevo Estado en el que el pueblo judío podrá vivir unido a su Dios hasta el final de los tiempos. En el siguiente acto se habla de un invento, un aparato que «puede enviar a cualquier punto de la tierra unos rayos que consumen el oxígeno del aire y asfixian a todos los seres vivos». Es un instrumento para doblegar la resistencia de los poderosos enemigos del nuevo Estado. La semejanza con los misiles de crucero de hoy en día, décadas más tarde, es evidente.

Las cartas y los escritos de Schönberg le acreditan como un hombre bueno, con un gran corazón, abierto y amable con aquellos en los que creía poder confiar. Los amigos de juventud lo describen incluso como una persona verdaderamente alegre. Está claro que tenía una fuerte personalidad, pero eso no quiere decir que no fuera natural, nada más lejos de su intención que presumir de su genio artístico o presentarse como un hombre importante. En su círculo de confianza, donde no tenía que protegerse de sus enemigos, era llano, espontáneo y casi siempre estaba de buen humor. Cuando advertía una necesidad, trataba de ayudar discretamente, de manera desinteresada. Sabía por experiencia lo que es el hambre, lo que cuesta sacar adelante a una familia, sobre todo en una época en la que no había premios para jóvenes compositores ni mecenas que difundieran su música a través de la radio. Schönberg tuvo que trabajar dirigiendo coros, escribiendo canciones para el Überbrettl, el cabaret que Wolzogen abrió en Berlín, y encargándose de la instrumentación de miles de páginas de operetas. De los quince alumnos que tenía en Mödling después de la Primera Guerra Mundial, a quienes daba clase un par de veces por semana, sólo dos, a lo sumo tres, podían pagarle, a los demás los atendía gratis, porque sabía que carecían de recursos económicos. Como hemos dicho, fueron muchas las canciones que compuso para el Überbrettl. Aunque este trabajo, por su propia naturaleza, no podía ser demasiado original ni tampoco romper moldes, en el estreno de *Noctámbulos*, de Gustav Falke, el acompañamiento de flautines, tambores, trompetas y piano se alejó tanto de lo habitual que provocó un verdadero escándalo y hubo que interrumpir la representación.

El hombre bondadoso y apacible se transformaba por completo cuando se trataba de música. Y no sólo de la suya. En esto, Schönberg no consentía ninguna broma, no tenía la menor condescendencia, respeto ni miramiento, ni para sí mismo ni para los demás, ni en el plano intelectual ni en el práctico. Ni el dinero ni los honores podían apartarlo un milímetro de su camino una vez que estaba seguro de que era el correcto. Su honestidad era inquebrantable, sólo ésta determinaba su comportamiento. Tal actitud le procuró muchos enemigos, pero no le importaba en absoluto, pues, por encima de todo, estaba su amor a la música. Se enfrentaba a sus adversarios sin dudar, con absoluta determinación. Tras su llegada a Estados Unidos, cuando tenía ya sesenta años, se convirtió durante un tiempo en el centro de atención. Largos artículos en los periódicos, calurosos recibimientos en los círculos artísticos de Nueva York y numerosos encuentros llenos de elogios para el maestro de la música atonal. La radio también participó en esta promoción con una entrevista cuyas preguntas se habían pactado de antemano. Cuando estaba a punto de acabar, el locutor no pudo resistir la tentación de formular una pregunta improvisada: «¿Qué opina, señor Schönberg, de la música estadounidense? ¿Cuándo alcanzará la calidad de la europea?». La mayoría de la gente habría visto en esta pregunta una ocasión espléndida para ganarse al público y allanar el camino que acababa de emprender en Estados Unidos. Schönberg, no obstante, tras reflexionar un momento, respondió: «Creo que dentro de trescientos años», y al ver la cara de circunstancias del periodista, añadió: «No se sorprenda. ¿Tiene alguna razón para pensar que la música estadounidense va a reducir el tiempo que la europea ha necesitado para llegar a donde se encuentra hoy?».

Algunos detalles que pueden parecer anecdóticos arrojan luz sobre el trabajo del artista y su relación con el mundo. La compleja personalidad del creador se esclarece de manera asombrosa en cuanto nos fijamos en cómo reacciona ante encuentros y acontecimientos más o menos fortuitos. Por eso, las aficiones personales también forman parte de la imagen del maestro. A Schönberg le gustaba mucho jugar al pimpón. De hecho, en la última vivienda que tuvo en Berlín reservó una habitación para ello. Sin embargo, su verdadera pasión era el tenis, al que dedicó mucho tiempo y sobre el que escribió varios artículos. Inculcó el amor por el juego a sus hijos. Cuando el pequeño Ronny ganó un campeonato de tenis en Los Ángeles a los trece años y más tarde llevó a casa nuevos trofeos, a Schönberg le dio una alegría inmensa. Otro de los *hobbies* del músico era el ajedrez, incluso inventó una variante del juego con un tablero de cien casillas, para la que creó unas reglas específicas y a la que llamó «ajedrez de coalición». Un día que los Schönberg habían invitado a algunos amigos a su casa de Berlín—debió de ser alrededor de 1930—, apareció Emanuel Lasker, el famoso campeón del mundo de ajedrez, justo cuando el anfitrión estaba explicando cómo funcionaba. Schönberg recogió su ajedrez a toda prisa y lo escondió. Cuando le pregunté por qué no había mostrado su invención al señor Lasker, me respondió: «¡Qué cosas se le ocurren! Imagínese usted que yo llego a casa de Lasker y él se pone a explicarme una teoría de la armonía que acaba de inventarse...». En la clase de composición le gustaba establecer comparaciones con el juego del ajedrez: «Igual que un maestro de ajedrez debe tener previstos los próximos movimientos, el compositor debe tener una visión de conjunto de la pieza, saber cómo se va a desarrollar, cómo se van a combinar los motivos y los temas, tiene que hacerse una idea de cómo va a evolucionar el conjunto desde el principio hasta el final».

Cuando su música empezó a cosechar éxitos en Europa después de 1945, Schönberg vivía ya en Estados Unidos. Tal vez por ello hablase tanto de las enemistades que su música le había acarreado. La serenidad con la que contemplaba su situación, la firmeza con la que mantuvo su compromiso, negándose a volver a la tonalidad para congraciarse con el público, se ponen de manifiesto en un artículo publicado en la revista *Querschnitt* de Berlín, en 1930, titulado precisamente «Mi público», que comienza con estas palabras: «Si alguien me preguntase por mi público, me vería obligado a admitir que no lo tengo». Su punto de vista sobre esta cuestión quedó claro en el coloquio que mantuvo con Eberhard Preussner y Heinrich Strobel, radiado por el Berliner Rundfunk el 30 de marzo de 1931: «Señor Strobel, no subestime el círculo que empieza a reunirse a mi alrededor juzgándolo por su tamaño. Crecerá con el ansia de conocimiento de una juventud idealista que se siente más atraída por lo misterioso que por lo cotidiano. Pero, aunque esto no llegue a suceder, no puedo pensar ni decir otra cosa que lo que considero que es mi obligación. No crean, señores míos, que lo hago por soberbia. Me gustaría tener más éxito. No deseo en modo alguno convertirme en un estilita solitario. Sin embargo, mientras siga pareciéndome que empleo mi talento y mi fantasía en hacer lo correcto, actuaré como lo he hecho hasta ahora, aunque nadie me entienda. En cualquier caso, no comparto la opinión de aquellos que afirman que mi música es incomprensible. Parémonos a pensar un momento: ¿me están diciendo que Kant debería haberse guardado sus ideas porque hay personas que, sinceramente, no pueden seguirlas? Al contrario, nadie discute la grandeza de su pensamiento. A quien Dios, nuestro Señor, concede el valor de crear una obra original, por escasa que sea su popularidad, le proporciona además la paciencia necesaria para aceptar que haya gente que no la comprenderá jamás».

En el legado de Schönberg existen muchos documentos, sobre todo de su etapa estadounidense, que abundan en esta idea. En una carta dirigida a su amigo el director de orquesta Hans Rosbaud se queja de la incomprensión con la que choca su música porque no se le contempla como un compositor normal y corriente, sino como un moderno que experimenta con las disonancias del dodecafonismo.

> No hay nada que desee con tanto ardor (si es que aún puedo desear algo) como que vean en mí a una especie de Chaikovski mejorado… ¡No pido más, por amor de Dios! Que vean en mí a un compositor que ha sido capaz de mejorar la música, eso es todo. Y luego, si es posible, que se conozcan mis melodías y que la gente las silbe.

«Pero—matiza en una nota de esa misma época—no escribo para imbéciles». El nivel que Schönberg se autoimpone es el mismo que exige a su público, dando por sentado que estaría insultándolo si le ofreciese obras banales, sin relieve, que cualquier cabeza hueca pudiera escuchar y comprender: «Un compositor que escribe para el público no piensa en la música».

Schönberg trató de educar al público para que pudiera apreciar la música moderna. Justo después de la Primera Guerra Mundial, en noviembre de 1918, fundó en Viena el Verein für musikalische Privataufführungen ['Asociación para la ejecución privada de obras musicales', a partir de ahora Verein]. (Hay que decir que la fundación y el mantenimiento de esta institución hasta 1924 acreditan el idealismo de Schönberg y de su círculo, desde Alban Berg y Anton Webern hasta sus discípulos más jóvenes, quienes actuaron con una generosidad que hoy apenas resulta concebible). Un folleto redactado por Alban Berg la describe así:

> La asociación, fundada el pasado mes de noviembre por Arnold Schönberg, tiene por objeto proporcionar a los artistas y a los amigos del arte un conocimiento veraz y exacto de la música moderna. No es en modo alguno tarea de la asociación hacer propaganda de ninguna tendencia o beneficiar a los autores que estrenan sus obras, sino solamente servir a sus miembros proyectando un poco de luz sobre la oscura y problemática relación del público con la música moderna. No es, por lo tanto, una asociación para compositores, sino para el público. Que se disfrute y se guste de las obras que éstos ofrecen y, por lo tanto, que se los dé a conocer no es más que un efecto secundario. En cualquier caso, éste no será un factor que haya de tenerse en cuenta a la hora de elaborar los programas, sino una contrapartida que no se busca deliberadamente, pero a la que tampoco se renuncia. Nuestro único propósito es presentar un panorama lo más completo posible de la música actual.

Cada semana tenía lugar un concierto exclusivo para los miembros. Se excluía a la prensa para evitar cualquier interferencia de los críticos. El programa no se daba a conocer previamente. Schönberg, Berg y Webern supervisaban o dirigían los ensayos. Sólo se autorizaba la interpretación de una pieza cuando se había acreditado su perfección técnica y musical. Cualquiera puede imaginar la extraordinaria escuela en la que se convirtió para cada uno de nosotros, sus alumnos, y lo ridículo que nos parecía el discurso que hablaba sobre una «música de escritorio», puramente intelectual, concebida matemáticamente, a la vista del trabajo realizado: en los primeros dos años se interpretaron ciento ochenta y nueve obras con una calidad ejemplar.

La idea de fundar la asociación partió de la experiencia del propio Schönberg, que, durante mucho tiempo, había evitado acudir a conciertos de música moderna porque le parecían «espantosos». Sin embargo, en uno de aquellos conciertos, al que se vio obligado a asistir, se fijó por casualidad en la partitura que su vecino sostenía en la mano. De repente se dio cuenta de que aquella música no era ni tan oscura ni tan absurda como él pensaba. En absoluto. Lo que ocurría es que el director y la orquesta no sabían interpretarla y, por lo tanto, lo que le llegaba al público no se correspondía en modo alguno con lo que contenía la partitura. Comprendió entonces lo importante que es la interpretación para oír y entender la música moderna. Cuando propuso a cierto director que dirigiera su *Sinfonía de cámara n.º 1*, éste justificó su negativa diciendo: «Quiero ser honesto con usted: no entiendo su música». Schönberg le respondió: «No comprendo por qué ha decidido ser honesto precisamente conmigo. ¡Dirige obras clásicas y tampoco las entiende!».

Schönberg era un maestro de la polémica. Una y otra vez tuvo que defenderse de ataques tanto en el plano profesional como en el personal, tanto en público como en privado. Los peores eran los que procedían de músicos como él, sobre todo de compositores y directores de orquesta. Él no dudaba en denunciar los intereses egoístas que perjudicaban al arte, las instituciones donde «una mano sucia lavaba la otra» o la incompetencia y la falta de profesionalidad de muchos músicos que causaban un daño irreparable al oficio. Junto con centenares de artículos, en el legado se conservan numerosas revistas, algunas con notas al margen y reflexiones redactadas en hojas aparte que se insertan en el fascículo o se pegan en la página correspondiente. Schönberg comenta las opiniones de Alfredo Casella, Ernst Křenek, Hindemith, Wellesz o Adorno. Rara vez se limita a la crítica negativa. Sabe diferenciar y, cuando rechaza una idea, suele desarrollar su propia tesis con una expresión brillante y precisa. Un buen ejemplo son las notas con las que corrige y completa un artículo del musicólogo Heinrich Schenker sobre uno de los *Lieder* de Schubert, «Ihr Bild» ['Su imagen']:

> ¡¡¡El desarrollo [de una idea musical] jamás es lineal!!! La razón es muy sencilla: ninguna composición se mueve en un solo nivel. Lo que hace Schenker con la *Urlinie* ['línea melódica fundamental'] es (en el mejor de los casos) una cala. Pero hay que realizar muchas calas para configurar un conjunto. El talento artístico consiste en lograr que la obra se perciba como una unidad y no como una suma de elementos. El arte es sencillez. Los componentes de una obra son sencillos por naturaleza. Eso no es mérito del autor, es algo que le viene dado. Dicho esto, aunque su responsabilidad no sean las unidades mínimas, sino el conjunto, toda pieza depende de ellas... y del modo en que se articulan unas con otras.

Como vemos, las críticas de Schönberg no son un fin en sí mismas, sino un punto de partida para desarrollar sus propias ideas y contrastarlas con las de los demás. En este sentido, dedicó distintos artículos a Stravinski, Kurt Weill, Max Reger y otros. Con pocos se mostró tan virulento como con Hugo Riemann, musicólogo y editor del conocido *Musiklexikon* ['Diccionario de música'], al que llama «emponzoñador». Tampoco escapó a su censura el libro de Ernst Kurth *Der lineare Kontrapunkt* ['El contrapunto lineal']: «Siempre he tenido claro que hay algo que parece contrapunto, suena parecido al contrapunto y, sin embargo, no es contrapunto». Todos estos apuntes y artículos contienen ideas muy novedosas, el planteamiento que hace de algunas cuestiones y sus puntos de vista sobre los problemas de la música, además de representar una notable contribución desde una perspectiva histórica, me parecen plenamente actuales, por lo que espero que se publiquen cuanto antes. Existe un artículo titulado «Falsa alarma», que incorpora un apéndice posterior, sin fecha: «En su momento no llegué a terminar este artículo, porque los escritos de Pfitzner me parecían cada vez peores y no consideré necesario salir al paso de sus críticas. Ahora me pregunto si no habría sido mejor enfrentarme a él. Véanse las notas que he escrito sobre el panfleto en cuestión». El ensayo de Pfitzner al que Schönberg se refiere es «El peligro de los futuristas», un libelo contra la música atonal, que Alban Berg redujo al absurdo más tarde en una brillante polémica. Se conserva el esbozo de una *Parodia contra Pfitzner*, que lleva como subtítulo: «Drama en tres actos sobre la revancha de *Palestrina*» y al que se adjunta una nota: «Para una alegre velada en el Verein, con algunas imitaciones burlescas que se me ha ocurrido preparar por sentido de la justicia». Ese mismo sentido de la justicia fue el que llevó a Schönberg a dirigirse al Tribunal de desnazificación de Múnich, después de 1945, para interceder por Pfitzner, un gesto que debió de asombrarle y conmoverle por igual.

Hubo, con todo, renombrados compositores que, desde el principio, reconocieron la importancia de Schönberg para la música de nuestro siglo y le manifestaron su aprecio y consideración. En octubre de 1919, Alfredo Casella y Maurice Ravel acudieron a Viena para estrenar en el Verein, en honor de Schönberg, el arreglo para dos pianos de *La valse* de Ravel. Sorprende encontrar los nombres de George Gershwin y Giacomo Puccini junto con el de un innovador radical como Schönberg. El maestro conoció a George Gershwin en Los Ángeles (en una pista de tenis, por cierto). Surgió entonces una entrañable amistad entre ambos. Schönberg apreciaba la música de Gershwin por su imaginación y su originalidad, y lo situaba a la altura de Johann Strauss y de Jacques Offenbach. En el legado se conserva el conmovedor discurso que pronunció en su funeral. Puccini viajó a Viena en otoño de 1920 para ofrecer un concierto en la Ópera Estatal y se informó inmediatamente de cuándo y dónde podía escuchar la música de Schönberg. Le respondieron que no podían complacer sus deseos, pues este compositor no figuraba en el programa de conciertos y óperas de su ciudad natal, ya que tanto el público como la crítica le ignoraban por completo. Cuando Schönberg se enteró, me envió a buscar a Puccini al hotel Bristol para que le transmitiera un cordial saludo y lo invitase al siguiente concierto del Verein. Puccini me recibió de manera muy amable, se informó al detalle de los trabajos de su colega, lamentando una vez más que no fuera posible escuchar su música en Viena. Como Puccini estaba a punto de partir, no pudo acudir al concierto en el Verein. Años más tarde, los dos músicos se encontraron en el Palacio Pitti de Florencia, donde Schönberg, de gira por Italia, ofrecía un concierto junto con el Pierrot-Ensemble de Viena. Según cuenta Dallapiccola, Puccini viajó a Florencia expresamente para disfrutar partitura en mano de la velada musical. A continuación, pidió a Casella, que también había acudido al evento, que le presentara a Schönberg. Éste lo acompañó a la habitación del artista y se prestó a hacer de intérprete para que ambos compositores pudieran entenderse. Puccini comentó que la obra le había impresionado profundamente. Schönberg jamás olvidaría esta entrevista y le correspondió introduciendo en su ópera cómica *De hoy a mañana* una frase tomada de *Manon Lescaut* de Puccini.

Los documentos del legado sobre la persona de Schönberg son numerosos y variados, pero también lo son aquellos que tienen que ver con el músico, con el compositor y con la tarea a la que había sido llamado, para la que había sido escogido. Montones de borradores con todo tipo de obras musicales demuestran que escribir y componer eran una necesidad vital para Schönberg. Estos fugaces esbozos, composiciones fragmentarias, fruto de un instante de inspiración, comenzadas y aplazadas, retomadas y abandonadas de nuevo, dan una idea de la espontaneidad de un proceso creativo que partía del corazón del hombre, algo que pocas veces se ve. Espontaneidad y fecundidad: así se creó todo. Los huidizos trazos de las notas revelan la rapidez con la que escribía. Componer consistía simplemente en anotar lo que ya había tomado forma en su cabeza, en su fantasía. Me viene a la mente una comparación del propio Schönberg: «El compositor visualiza la obra en el espacio y, cuando la escribe, la traslada al tiempo. El oyente, por el contrario, la capta primero en el tiempo, cuando la escucha, y luego, al evocarla, la suspende en el espacio, por así decirlo, y es entonces cuando la percibe como un todo».

Teniendo en cuenta la rapidez con la que Schönberg componía cabría pensar que iba construyendo su música *ad absurdum*... Pero algo así sólo puede creerlo quien no es capaz de percibir la naturalidad con la que fluye la música cuando uno la escucha.

Schönberg se refirió a este asunto en más de una ocasión. El segundo y el cuarto movimiento de su *Cuarteto de cuerda n°. 2 en fa sostenido menor*, op. 10, los escribió en un día y medio cada uno. *La espera*, una ópera en un solo acto, que se representa en media hora, quedó concluida en tan sólo diecisiete días. Si entramos en las obras dodecafónicas, el *Cuarteto de cuerda n.° 3*, op. 30, lo compuso en poco más de cuatro semanas. Cuando trabajaba en la ópera cómica *De hoy a mañana*, escribía diariamente una media de veinticinco compases, incluyendo la orquestación y la instrumentación, porque Schönberg no instrumentaba *a posteriori*. Consideraba que el timbre, el ritmo, la melodía y la armonía formaban parte de la pieza. Para que podamos hacernos una idea de la agilidad que caracterizaba el proceso creativo de Schönberg, hay que considerar el trabajo de escritura que requiere una partitura moderna; desde esta perspectiva, el tiempo que empleaba se recorta aún más. El interludio coral de la ópera *Moisés y Aarón*, una fuga doble a seis voces, extraordinariamente compleja, con acompañamiento de orquesta, fue resuelta en seis días. La partitura del segundo acto, que incluye la «Danza alrededor del becerro de oro», la acabó en menos de siete meses. De la fuga doble se conserva un primer esbozo, que contiene apuntes de varios temas con distintos *strettos* contrapuntísticos y una idea bastante detallada sobre el desarrollo de la fuga en sí, su articulación y caracterización dramática. Una nota indica la duración: «Cuatro minutos como máximo, a lo sumo cuarenta y ocho compases». La versión definitiva consta de cuarenta y dos compases, lo que demuestra, una vez más, que Schönberg tenía una idea muy clara de la obra antes de sentarse a escribirla. Recuerdo haber encontrado en el legado una hoja escrita por ambas caras en la que Schönberg se refiere al «castigo del trabajo», un concepto que pone entre comillas porque jamás lo experimentó como tal. Así se explica el comentario que aparece al final del manuscrito de «Solidaridad», composición que forma parte de las *Seis piezas para coro de voces masculinas*, op. 35, gracias al cual sabemos que tanto los textos como la música de las dos primeras estrofas se escribieron en alrededor de dos horas, la segunda tuvo que acabarla tres días después «porque una visita lo impidió».

Una carta dirigida a su amigo Alban Berg acerca de *Moisés y Aarón* ilustra perfectamente cómo componía y elaboraba los textos Schönberg: «El texto se concluye en el momento de componer y, algunas veces, después». Esto indica que Schönberg compartía la idea de Mozart, el cual pensaba que la poesía debía ser una humilde servidora de la música. Por otra parte, si aceptamos que la palabra depende de la melodía... tendremos que renunciar a valorar el texto de la obra desde una perspectiva puramente literaria. En el caso de *Moisés y Aarón* fue la letra la que retrasó el trabajo del compositor una y otra vez, prueba de ello son los numerosos borradores que descartó sucesivamente, sobre todo para el tercer acto. La queja de Moisés en el segundo acto: «¡Oh palabra, palabra, que no encuentro!», refleja el problema al que se enfrentaba el propio autor. En la carta a Alban Berg reconoce que, para poder elaborar el texto durante el proceso de composición o incluso posteriormente, hay que tener una idea muy precisa del conjunto porque «el arte no consiste sólo en proyectar una visión viva y perdurable, sino en fortalecerla, enriquecerla, ampliarla aportando nuevos detalles». Preocupado por la posibilidad de que las continuas interrupciones que le impedían dedicarse a su trabajo de manera regular pusieran en peligro la coherencia orgánica del conjunto, Schönberg llega a pensar que ha desarrollado una especie de «memoria inconsciente» que, sin pretenderlo, le sirve de apoyo tanto en la letra como en la música, y «conduce [mi] pensamiento por el camino correcto». Puede que, mientras escribía estas líneas, tuviera presente lo que le había ocurrido pocos años antes durante la composición de las *Variaciones para orquesta*, op. 31. Al retomar el trabajo, después de una larga interrupción, buscó en vano los borradores que contenían la idea y el comienzo de la siguiente variación. Entonces intentó reconstruirlo apoyándose en la parte que ya había compuesto, pero fracasó. Finalmente decidió volver escribir la variación desde el principio utilizando una nueva idea. Cuando hubo terminado y la comparó con lo que llevaba compuesto, resultó que había reinventado la idea anterior siguiendo «la misma secuencia lógica» una vez que «la memoria dejó de responder»: la memoria inconsciente era más fiable. Schönberg, en el que tantos quieren ver a un ingeniero de la música, consideraba que el inconsciente era el elemento primario de su labor. «Cuando surge lo impensable, eso sólo puede proceder del inconsciente», comenta señalando como ejemplo a Beethoven y a Brahms. La conferencia radiada por el Frankfurter Rundfunk en 1932, «Brahms, el progresista», retoma la idea de la construcción musical inconsciente, que Schönberg asocia a este maestro. Lo que le sucede a cualquier persona normal cuando habla—construye de forma inconsciente oraciones y textos gramaticalmente correctos, pues, de otro modo, la expresión se convertiría en un galimatías—es lo que hace el compositor cuando utiliza su lengua, la música.

Un compositor se enfrenta a una tarea particularmente difícil cuando se ve obligado a trabajar en una obra a lo largo de varias décadas. Cuando Schönberg escribió en 1906 su *Sinfonía de cámara n.º 1*, comenzó a componer simultáneamente una obra semejante, que, a diferencia de la primera, destinada a quince instrumentistas, estaba pensada para una pequeña agrupación orquestal. En un principio llegó más o menos hasta la mitad del primer movimiento, la retomó cinco años más tarde y luego volvió sobre ella una vez más en 1916, sin lograr terminarla. El impulso definitivo llegó del director de orquesta Fritz Stiedry, que lo animó a concluirla, prometiendo que la estrenaría en Nueva York. Eso ocurrió en 1939, es decir, treinta y tres años después de haberla comenzado. Como es natural, al cabo de tanto tiempo, Schönberg no reconocía aquella música que había escrito en su primer período, puramente tonal, sin demasiado criterio, confiando por completo en su instinto formal, un estilo que había abandonado para explorar otros modos de expresión. Schönberg me escribió una carta anunciando que se proponía terminar la pieza respetando «el estilo en que fue concebida». Según él mismo reconoció, en el primero de los dos movimientos de la obra, apenas introdujo cambios. Las únicas novedades son la conclusión y la instrumentación. El segundo movimiento, en cambio, no tiene nada que ver con el original. Se trata de un *alegro*. Según se desprende del intercambio epistolar con Stiedry, Schönberg tenía previsto añadir más movimientos, hasta llegar a cinco. En el legado se conserva una primera versión del tercer movimiento y un esbozo de ciento veintisiete compases, un *adagio*, que debía servir como epílogo. El hecho de que Schönberg renunciara a continuar la obra demuestra la responsabilidad con la que ejercía su tarea creativa, consciente de estar actuando al servicio de algo más elevado. En una carta a Stiedry, escrita mientras trabajaba en el tercer movimiento, apunta ya lo siguiente:

> El último movimiento es un epílogo. Aporta nuevo material, nuevos temas, creados a partir de los que ya existían, pero tampoco lo considero imprescindible. Los retos musicales y «físicos» se tratan a fondo en los dos primeros movimientos, lo único que añade este movimiento final es una especie de «meditación», por así decirlo.

A Schönberg le parecía fundamental decir únicamente lo que había que decir, lo que merecía la pena decir, lo necesario. Odiaba la charlatanería, examinaba cada idea, propia o ajena, antes de darla por buena. Cuando Alban Berg se disponía a presentar su *Sonata para piano*, op. 1, su obra maestra, el broche final de los años de aprendizaje con Schönberg, pensó en alargarla. Al primer movimiento le deberían seguir uno más lento y un *finale*. Sin embargo, el tiempo iba pasando y no encontraba ninguna idea que mereciera la pena. Entonces, Schönberg le aconsejó: «Bueno, si no se le ocurre nada más, es que ya ha dicho todo lo que tenía que decir». La obra quedó en un solo movimiento.

Salta a la vista que Schönberg rechazaba el sensacionalismo, lo superficial, como demuestra lo que le costaba estrenar sus obras. Sin embargo, la auténtica originalidad guarda una estrecha relación con el carácter orgánico de la obra de arte, no es algo que se busque *a priori*. Eso es lo que el compositor dio a entender en una conversación con sus discípulos en la que se refirió a lo mucho que le había confundido la reacción del público y de la prensa ante sus primeras obras no tonales. Mientras las componía no se había planteado, ni por un momento, que fueran especialmente originales. Fue la resistencia con la que chocó la que le hizo caer en la cuenta de ello. Puede que sea aquí donde haya que buscar los comienzos de Schönberg como teórico y como maestro: «Antes o después, en todo artista despierta el deseo de examinar de manera consciente las formas y los medios de los que se sirve, para comprender las leyes y las reglas que rigen esas formas que él ha captado como en un sueño». Una vez más se pone de manifiesto la relación entre lo consciente y lo inconsciente, y el papel que desempeña este último en la creación artística. A propósito de la originalidad, entre las notas que encontré en el legado, me gustaría destacar una del año 1912, es decir, de los comienzos de la época atonal:

> La búsqueda de originalidad degenera en moda. ¡¡¡Los artistas ya sólo buscan lo nuevo... y lo encuentran!!! ¡¡¡Pero no todos pueden ser genios!!! Así que lo nuevo (lo original) no es lo que define al genio, es tan sólo una de sus manifestaciones más habituales. Esperamos que el genio traiga progreso y que el progreso nos conduzca a un estilo más depurado. ¡No tiene por qué ser así! Porque el progreso no es lineal.

Este asunto tiene mucho que ver con ciertas cuestiones de estética, que ya ocuparon a Schönberg cuando escribía su *Tratado de armonía*, donde vincula el concepto de «lo bello» con el de «lo verdadero». La obra de arte debe ser veraz. Niega que la estética sea un criterio válido para definir lo artístico. La invención y la expresión, la lógica y la naturalidad son los auténticos valores artísticos. En 1923, cuando estaba dando los primeros pasos en el dodecafonismo, Schönberg escribe una carta a J. M. Hauer en la que manifiesta que está componiendo con la fantasía y la convicción que sólo se tienen en la juventud y, sin embargo, mantiene un estricto control en lo que se refiere a la estética de sus piezas. El breve ensayo de Busoni *Esbozo de una nueva estética de la música*, que se encuentra en su biblioteca, está lleno de notas al margen y glosas críticas escritas en hojas sueltas, con algunas ideas sobre este tema. En abril de 1941, el Cleveland Museum of Art y la Carnegie Corporation New York lo invitaron a pronunciar una conferencia sobre estética. No sabemos si llegó a hacerlo, pero se puso a trabajar en ella inmediatamente. La tesis que pretendía defender es que la estética es una ciencia pura. De hecho, redactó una propuesta pormenorizada y bien fundamentada para crear un Foro de Estética y Artes, con el propósito de poner en contacto las artes y las ciencias, la vida y la naturaleza, y la investigación y la teoría. Es un ejemplo paradigmático de cómo reaccionaba el espíritu de Schönberg para dar respuesta a cualquier interrogante que llamara su atención. Para conectar entre sí esferas tan distintas como el arte y la ciencia, antes hay que comprender bien lo que las separa. En una nota sobre «Der musikalische Gedanke und seine Darstellung» ['La idea musical y su representación'], una de las obras teóricas fundamentales de Schönberg, el compositor apunta lo siguiente:

> La ciencia trata de agotar la idea de modo que ninguna pregunta quede sin respuesta. El arte, en cambio, aspira a contemplarla desde diferentes puntos de vista para que revele su auténtico sentido y su naturaleza se manifieste de manera inequívoca, aunque no sea explícitamente. En este punto se abre una ventana a través de la cual—desde el punto de vista del conocimiento—puede entrar la intuición.

Contemplar la idea desde diferentes puntos de vista es el propósito del contrapunto, en el que la combinación de voces no es en modo alguno un fin en sí mismo. El contrapunto ofrece múltiples perspectivas que hacen posible la representación compleja de la idea.

Es esta pluralidad de perspectivas que evidencia la complejidad de la idea la que espanta a la burguesía intelectual y la lleva a rechazar la música de Schönberg, que supera su capacidad de comprensión, pues se dirige a personas a las que les complace ocuparse de ideas profundas, de problemas difíciles. No es la atonalidad lo que impide entender la música de Schönberg. Su obra de juventud, que incluye el *Cuarteto de cuerda nº. 2 en fa sostenido menor*, op. 10, concluye en 1908, y fue estrictamente tonal. Sin embargo, muchos especialistas se rebelaron ante estas composiciones porque superaban su capacidad de comprensión. Cuando Schönberg se puso en contacto con una sociedad musical de Viena para que interpretara su sexteto de cuerda *Noche transfigurada*, compuesto en 1899, le devolvieron la obra indicándole que la partitura contenía un acorde que «no existía». (Se trataba de la inversión de un acorde de novena, en el que la nota fundamental era la novena, es decir, de una inversión del acorde a cinco voces que los manuales de armonía no mencionan). Schönberg reaccionó con buen humor respondiendo que comprendía perfectamente que no pudieran interpretar una música que no existe. Tras el estreno, que tuvo lugar en 1902, la prensa describió el sexteto como «una vaca con seis patas». Hoy en día es una de las obras más aclamadas de Schönberg. El público recibió con frialdad otras obras tonales del compositor, como, por ejemplo, la *Sinfonía de cámara n.º 1 en mi mayor* y el ya mencionado *Cuarteto de cuerda nº. 2 en fa sostenido menor*, que cincuenta años más tarde, en un concierto en París, tuvo que repetirse a petición del auditorio.

Schönberg era autodidacta. Su instrucción musical se reduce a las clases de contrapunto que recibió durante apenas un año de quien más tarde sería su cuñado, el compositor y director de orquesta Alexander von Zemlinsky. Sin embargo, había empezado a componer a los nueve años. Luego aprendió estudiando partituras, acudiendo a conciertos y a óperas, e interpretando cuartetos con sus compañeros de escuela. En el legado se conserva un buen número de composiciones desconocidas, entre ellas canciones tempranas que no aparecen fechadas. Es posible que las escribiera incluso antes de las *Seis piezas para piano a seis manos*, que compuso en 1894. El *Cuarteto de cuerda en re mayor*, publicado en 1897 (Londres, Faber & Faber), revela la asombrosa madurez de un joven de veintitrés años, con un lenguaje musical que ha aprendido de Brahms, pero que ya muestra un estilo propio, en particular en los movimientos centrales. Del año 1901 nos han llegado siete canciones de cabaret, que imitan el estilo de la *chanson*, las *Brettl Lieder*. Sus títulos, *Gigerlette*, *Galatea*, *El amante fácil de contentar*, que proceden de textos que el futuro maestro de la música moderna tomó de Wedekind, Bierbaum y otros, nos provocan ahora una sonrisa.

Existen tres partituras del período atonal que descubrí entre un montón de pliegos sueltos. Están fechadas el 8 de febrero de 1910 y contienen dos piezas completas y una tercera inacabada para orquesta de cámara con solista. Se trata de un hallazgo que calificaría de transcendental porque, en su sentenciosa brevedad, entre siete y doce compases, son el primer testimonio de la música atonal. Anton Webern, discípulo y amigo de Schönberg, escribió ese mismo año, aunque desconocemos la fecha exacta, sus primeras obras, igualmente breves: las *Seis piezas para orquesta*, op. 6, y las *Cuatro piezas para violín y piano*, op. 7. Los documentos del legado muestran el vivo interés con el que Webern seguía lo que Schönberg estaba componiendo, el fecundo intercambio de ideas que se estableció entre ambos y el entusiasmo con el que Webern respondía a los retos que su amigo le planteaba. Sin embargo, existe un comentario de Schönberg que invita a pensar que él fue el primero en romper las reglas de la tonalidad. Las composiciones que se conservan en el legado, unas fragmentarias, otras apenas iniciadas, abarcan cinco décadas. Hay varios cuartetos de cuerda tonales, no tonales y dodecafónicos; música de cámara de todo tipo; piezas para orquesta, como una obra de más de doscientos cincuenta compases, del año 1898, inspirada en un poema de Nikolaus Lenau titulado «Frühlings Tod» ['La muerte de la primavera']; una sinfonía con cuatro movimientos, concebida en 1937; otra sinfonía en sol menor, empezada en 1900; el comienzo de una ópera basada en *Und Pippa tanzt* ['Y Pipa baila'], de Gerhart Hauptmann; dos conciertos para violín; un pasacalles para orquesta; coros y oratorios.

Entre las obras corales y los oratorios hay dos que destacan por su interés e importancia. La primera es una sinfonía, comenzada alrededor de 1912, para solistas, coro mixto y orquesta, con aire de oratorio, «testimonio de un hombre de nuestro tiempo, que siente la miseria de su alma y de su espíritu, lucha con Dios, lo encuentra y aprende a rezar». El segundo es un oratorio propiamente dicho, que surgió a partir de la obra anterior y por desgracia quedó inacabado: *La escalera de Jacob*. El texto lo escribió el propio Schönberg después de intentar armarlo a partir de fragmentos de la Biblia y de obras de Richard Dehmel, Tagore y otros poetas, que había ido recopilando para la citada sinfonía, una prueba fallida que no dio los frutos deseados. Los borradores que conservamos de esta sinfonía son interesantes para la historia de la música, pues la base del *scherzo* es el primer tema puramente dodecafónico de la música occidental, un primer paso, todavía inconsciente, hacia una meta que se iba perfilando cada vez con más claridad. Schönberg utilizó material de esta sinfonía para *La escalera de Jacob*. Casi la mitad de la partitura, hasta el punto donde el compositor la interrumpió, procede de esta obra, es decir, unos cuarenta minutos de música. De los cinco cuadernos de música en gran formato hay uno que contiene varios fragmentos de la segunda mitad ya terminados, entre ellos, el coro final. El manuscrito de *La escalera de Jacob*, fechado en junio de 1917, desmiente la leyenda de la «pausa creativa» previa al período dodecafónico, ya que las *Cuatro canciones para orquesta*, su última obra manifiestamente atonal, se compusieron entre 1915 y 1916, y las partituras de *La escalera de Jacob* que incluye el citado cuaderno se inauguran en 1917, van completándose a lo largo de 1918 y 1921, y se cierran en 1922, en pleno dodecafonismo. La importancia de esta partitura reside en la novedad de los medios expresivos que utiliza, aspecto en el que se adelanta en décadas a la música electroacústica que se ha desarrollado en nuestros días, sobre todo en lo que se refiere a la distribución de las fuentes de sonido. La partitura de Schönberg habla de músicas lejanas, un efecto que se consigue recurriendo a una orquesta y a unos coros que coloca en un plano superior, como entre uno y dos metros por encima de la orquesta principal. Existe una diferencia de altura, pero también de distancia. La orquesta que se identifica como F2 está más alejada que la F1, y la H2 se sitúa por encima de la H1. Por otra parte, los distintos cuerpos sonoros actúan de manera independiente, pues se indica a los directores que las músicas lejanas no deben intervenir en ciertas partes de compás, sino que han de mantener, por así decirlo, un ritmo sostenido fuera del compás. Las partes del compás en las que hay que introducir los sonidos lejanos están marcadas con trazos discontinuos. Es una concepción del sonido realmente novedosa y original, en el sentido propio de la palabra, pues la encontramos muchos años antes de la invención de la radio y de los altavoces que se distribuyen en el espacio a voluntad, sin los cuales no es posible la música moderna.

Ésta es la prueba definitiva de que el genio creador es capaz de oír una música «que no existe» y esto suele exigir mejoras técnicas en los instrumentos para aprovechar todas sus posibilidades expresivas y poder llevarla a la sala de conciertos. Desde luego, no es el único caso. En 1903, en la partitura del poema sinfónico *Peleas y Melisande*, encontramos los primeros *glissandi* con timbales de la historia de la música. Las obras de Schönberg contienen pasajes que obligan a tocar los instrumentos de arco pulsando las cuerdas con los dedos de una manera que no contemplan las escuelas de violín clásicas, razón por la cual se consideró que era imposible interpretarlas. Pero el verdadero compositor es capaz de renovar la técnica con la que se tocan los instrumentos y abrir así nuevos caminos para la interpretación. Resulta llamativo que hasta ahora no se haya hablado del cambio radical que supuso la música de Schönberg en la técnica de los pianistas, marcada durante tanto tiempo por la manera de tocar de Franz Liszt, donde la mano izquierda se ocupaba de la parte izquierda del teclado y la mano derecha, de la parte derecha, algo que tiene que dejar de ser así en cuanto se altera la estructura de la música. Otra novedad son los «acordes hablados» de *La mano feliz*, un drama musical de 1913, donde por primera vez se hace un uso coral de la notación para la voz hablada que ya se había utilizado en *Pierrot lunaire*. La canción hablada que nace alrededor de 1900 con los *Gurrelieder* de Schönberg, para la que se emplea una notación estrictamente melódica y, sobre todo, estrictamente rítmica, creó escuela y hoy está tan extendida que son pocos los que recuerdan su origen. Schönberg va experimentando e introduciendo las modificaciones oportunas de una obra a otra para que respondan a sus exigencias artísticas. Uno de los ejemplos más interesantes lo encontramos en la ópera *Moisés y Aarón*, en el primero de los salmos que el propio compositor comenzó a redactar, pero que no llegó a concluir. Entre la palabra hablada y la palabra cantada se establece una curiosa relación, pues el texto que interpreta el coro es repetido al mismo tiempo por un cantante o por un coro que habla. Esta técnica vocal permite que el público siga perfectamente el texto que canta un coro a varias voces, lo que no siempre resulta fácil, y así pueda concentrarse en la música. La palabra hablada anticipa lo que el público necesita para comprender la obra. Para ello basta una fracción de segundo. La segunda ventaja es de índole artística: el contraste entre la palabra hablada y la palabra cantada constituye un elemento expresivo insólito, con un fuerte efecto dramático.

Parece obvio que la renovación de los medios expresivos plantea un reto a los ejecutantes, que, con demasiada frecuencia, se apresuran a descargarse de responsabilidad, asegurando que no es posible tocar lo que les proponen. En lugar de asumir su fracaso prefieren echarle la culpa al compositor, que se dedica a pedalear en el aire, por decirlo de algún modo, sin tener en cuenta las posibilidades técnicas que ofrece su instrumento. Schönberg se adelantó a estas objeciones. En el legado se conservan cartas y otros documentos con indicaciones muy precisas para la interpretación de sus piezas, que atienden tanto a lo musical como a lo escénico. *La mano feliz* exige una escenografía llena de imágenes fantásticas para la que el propio Schönberg realizó bocetos en color. Por otra parte, la partitura contiene instrucciones detalladas para resolver las dificultades que plantea una iluminación ciertamente compleja. La obra se representó en 1930, en la Ópera Kroll de Berlín, junto con *La espera*, una ópera en un solo acto. Schönberg explicó en una carta de varias páginas cómo habían de realizarse los cambios de decorado sin bajar el telón y adjuntó además una maqueta que él mismo había preparado. En el caso de *La mano feliz* indica incluso las posiciones que los actores deben ocupar y cómo han de desplazarse por el escenario, comenta uno a uno los cuadros que pueden ofrecer dudas al director y concluye con una recomendación: «No soy amigo de lo que ahora llaman decoraciones estilizadas. ¿A qué estilo se refieren exactamente? Me gustaría reconocer en las imágenes la mano experimentada de un buen pintor que hace recto un trazo recto y no se inspira en los dibujos infantiles o en el arte de los pueblos salvajes». Luego deja claro que:

> Los objetos y los espacios de mis piezas forman parte del espectáculo y, por ello, el público ha de poder reconocerlos con tanta claridad como la altura de las notas. Si las imágenes se convierten en un enigma que el espectador tiene que desentrañar («¿Y eso qué es?»), se perderá parte de la música. Puede que no le importe e incluso lo prefiera, pero no es lo que yo deseo.

Una y otra vez se proclama la primacía de la música: todo está concebido por y para ella. En este sentido resulta esclarecedora una carta, tan extensa como la anterior, dirigida a Hans Wilhelm Steinberg, el director de orquesta que estrenó en Fráncfort la ópera cómica *De hoy a mañana*: «Mi ópera es una pieza cantada desde el principio hasta el final». A continuación hace un repaso de los diferentes aspectos de la representación:

Los cantantes deben observar un escrupuloso decoro tanto en la parte musical como en la dramática. No deben acaparar el protagonismo a costa de la belleza del canto y mucho menos exagerar... No deben preocuparse de nada, no es necesario que añadan nada a mi música, ya tiene el carácter que precisa. Basta con que la interpreten correctamente, centrándose en lo musical, y todo saldrá bien.

Proporciona entonces una excepcional descripción psicológica de los cuatro personajes; es tan plástica que no puede ofrecer duda alguna ni al director ni a los intérpretes. Por último, esboza un detallado calendario de ensayos para la orquesta, en el que demuestra su profundo conocimiento tanto de los problemas que plantea el estudio de una pieza musical como de los pormenores de un espectáculo operístico. La carta concluye con una breve explicación de la idea de la obra, que el director de orquesta puede trasladar, junto con los comentarios anteriores, a cuantos participan en la representación. «He querido dirigirme a usted en primer lugar porque, si la música está bien, lo demás suele venir rodado». Aprovecha la oportunidad para advertir al director teatral: «No añada nada que no haya previsto el compositor porque iría en perjuicio del resultado final». El director debe respetar la música escrupulosamente, porque todo está contenido en ella: lo dramático y lo cómico, los gestos y los movimientos, el tono y el ritmo.

Concedo un especial valor al hallazgo de seis páginas en gran formato, con apretada escritura, que contienen indicaciones muy precisas para la representación de la ópera *Moisés y Aarón*. Están dirigidas al director de orquesta, músicos, cantantes, decoradores, pintores e iluminadores. Tienen que ver con la danza alrededor del becerro de oro, la representación, la voz hablada de Moisés y la interpretación musical. Schönberg concede al director de orquesta libertad «en todo lo que tenga que ver con el ritmo, la mesura y el buen gusto». Y añade un consejo que habría que tener muy en cuenta a la hora de interpretar el repertorio de Schönberg: «Todo lo que resalte la idea estará bien hecho». Los actores principales, que representan a Moisés y Aarón, también gozan de un notable grado de libertad: «Tienen por delante una tarea muy difícil que sólo culminarán con éxito si se implican en ella personalmente». Comentarios como éste nos permiten entender el rigor artístico, la solidez y la delicadeza con que Schönberg daba forma a sus ideas. Lo que había concebido en su imaginación debía hacerse realidad en el escenario. Esto desmonta el argumento de que jamás pensó en la posibilidad de representar sus obras. Como ya vimos en la ópera cómica *De hoy a mañana*, en *Moisés y Aarón* también le preocupan las voces: «Es importante respetar el carácter y la belleza del canto. Tono elevado, buena articulación, transiciones suaves. Las notas mantenidas, vocales largas, consonantes breves, ligeras, un buen *legato*. No merece la pena ganar expresividad a costa de la entonación». Conservamos una carta a Anton Webern escrita cuando elaboraba el segundo acto, en la que menciona el trabajo que le está costando describir con precisión la «Danza alrededor del becerro de oro», para no dejar apenas nada en manos de los directores y los coreógrafos.

> Como sabes, no voy a dejar demasiada libertad en la danza. Su fuerza expresiva no está por encima de la de la música, por elemental que sea. Por otra parte, la «belleza» mecánica del cuerpo en movimiento me resulta odiosa. Por eso, he creado una coreografía que se aparta de esos saltos de ballet a los que todo el mundo está acostumbrado y entra en un campo de expresión diferente. Espero poder seguir avanzando en esta dirección.

En el legado se conservan nueve pliegos de partituras en gran formato, escritos a lápiz, que seguramente constituyen la primera redacción coherente de la «Danza alrededor del becerro de oro», para la que se utilizaron cinco o seis sistemas de notación que aportan datos muy precisos sobre cómo debe sonar la música. Con tinta, y por lo tanto más tarde, se añadieron indicaciones referentes a la representación, que debe tener en cuenta el carácter y el ritmo que marca cada escena. Es lógico suponer que Schönberg tenía pensado ampliarlas con instrucciones concretas para la coreografía, tal y como anuncia en su carta a Webern, donde indica además que va incorporando el texto a medida que escribe la partitura y, en términos de trabajo, es lo que le supone mayor esfuerzo. El proyecto original presenta aún la forma de un oratorio. Entre esta primera redacción y el texto definitivo median no menos de tres versiones escénicas e innumerables borradores de las distintas partes de la obra, con modificaciones y correcciones de diferente calado. El tercer acto (que, como sabemos, no llegó a componerse) ocupaba a Schönberg cuando ya se había establecido en Estados Unidos. Conservamos dos versiones, una de ellas ofrece especial interés, pues adopta el estilo de las grandes óperas, con un escenario a dos niveles y un final en el que unas gigantescas Tablas de la Ley aparecen iluminadas por una luz deslumbrante. Puede que a Schönberg la pareciera atractivo jugar con la pompa de la ópera tradicional simplemente para descartarla con más convicción y decantarse por un estilo más puro y sencillo, el elegido finalmente, con una escena en la que Moisés pronuncia su juicio sobre Aarón. Desde su estreno se ha debatido mucho acerca de las razones por las que Schönberg no compuso el tercer acto. Se ha dicho que abandonó el proyecto porque consideró que la obra era imposible de representar, pero nada sugiere que fuera así. En primer lugar, existen numerosas cartas en las que manifiesta su intención de completar la obra. Por otro lado, conservamos una hoja con ideas para el principio del tercer acto, en la que figura el siguiente comentario: «... es imprescindible escribir un movimiento que tenga cinco o seis partes distintas». El delicado estado de salud de Schönberg, que empeoró rápidamente en sus últimos años de vida, junto con la necesidad de sacar adelante a su familia lo privaron del tiempo necesario para concentrarse en un proyecto artístico de largo aliento.

No obstante, el trabajo que realizó en Estados Unidos entre 1933 y 1951, que abarca numerosas composiciones, trabajos literarios y ambiciosas obras teóricas, es excepcional. Su envergadura nos priva, de momento, de una visión de conjunto. Como curiosidad me gustaría mencionar dos cuadernillos con borradores para una banda sonora (de estilo puramente tonal). Durante sus primeros años en Los Ángeles fueron muchos los músicos vinculados con la industria del cine que quisieron convertirse en discípulos de Schönberg, pensando que les enseñaría algunos trucos de composición e instrumentación para hacer más interesantes sus piezas. Quedaron muy decepcionados cuando se dedicó a trabajar con ellos la armonía y el contrapunto. Sus amigos llamaron la atención de los grandes estudios de cine de Hollywood sobre la oportunidad que representaba el hecho de que un gran compositor europeo hubiera establecido su residencia en la ciudad. Sin embargo, el representante de la Metro-Goldwyn-Mayer no se interesó por él hasta que le pusieron delante la *Enciclopedia Británica* y pudo leer un largo artículo sobre el compositor que lo dejó gratamente impresionado. Contactó entonces con Schönberg y le propuso componer la banda sonora para la película en la que estaba trabajando en ese momento, la adaptación cinematográfica de *La buena tierra* de Pearl S. Buck. La compañía aceptó los elevados honorarios que pedía el maestro, pero las negociaciones fracasaron porque Schönberg puso como condición que nadie cambiara ni una sola nota de su música. Aunque el desenlace era previsible, se puso manos a la obra con una tarea que era nueva para él y escribió la música de algunas escenas de la película, una tentativa que ha quedado recogida en estos dos cuadernillos.

Por lo demás, Estados Unidos no influyó en Schönberg ni por su música ni por sus valores. Vivió en una *splendid isolation*, como se desprende de algunas de sus cartas. Sólo así se comprende que rechazara el título de doctor *honoris causa* que le ofreció la Universidad de California. El jazz apenas está presente en su música. Podríamos citar unos cuantos compases de la ópera *De hoy a mañana*, para ambientar una escena, y el segundo movimiento de su *Suite*, op. 29, para tres clarinetes, trío de cuerdas y piano, dedicada a su mujer Gertrud, una obra realmente alegre y desenfadada. Cuando un periodista del *Chicago Tribune* le preguntó si el jazz había tenido alguna influencia en la música alemana, él lo negó categóricamente: «No más que la que haya podido tener la música gitana en su momento». Hay dos obras, ambas estrictamente tonales, fruto de su contacto con Estados Unidos. Se trata de una *Suite para orquesta de cuerda*, que escribió para la universidad con el propósito de abrir a la juventud a nuevos medios de expresión «sin exponerla, de momento, al "veneno de la atonalidad"», según comenta irónicamente en un prólogo que luego no se publicó, y de *Tema y variaciones*, op. 43, para orquesta de viento, una agrupación muy popular en los Estados Unidos. En una carta al director de orquesta Fritz Reiner se refiere a esta última pieza:

No es una de mis obras principales, cualquiera se dará cuenta de ello, porque no es una composición dodecafónica. Es una de esas obras que uno escribe para disfrutar de su propio virtuosismo y, de paso, dar a un grupo de aficionados, las orquestas de viento de aquí, algo decente que tocar. Le aseguro que, desde un punto de vista técnico, es una obra maestra, además de original, producto de la inspiración. Sin inspiración no puedo escribir ni diez compases, pero debo reconocer que disfruté mucho componiéndola.

No puedo recoger aquí todo lo que dice Schönberg sobre la composición dodecafónica en sus cartas y escritos, pues tendría que escribir un tratado entero. No obstante, conviene recordar «que estas obras son, ante todo, piezas musicales, no construcciones matemáticas, como dicen mis detractores». Schönberg habla en serio cuando dice que «sin inspiración no puedo escribir ni diez compases». Esta confesión tiene el valor de una profesión de fe. En una carta a su suegro Rudolf Kolisch pone en duda la utilidad de realizar un análisis de sus obras dodecafónicas «porque sólo conducirá a lo que siempre he intentado evitar: reconocer cómo está hecho, cuando lo que importa es captar lo que es». Lo principal es hacer buena música, cómo se hace es una cuestión de segundo o tercer orden. En uno de los cuadernos de música descubrí una nota que puede parecer anecdótica, pero que sitúa la labor del maestro en la constelación espiritual a la que pertenece. Se encuentra al comienzo del *adagio* del *Quinteto de viento*, op. 26: «Creo que Goethe estaría orgulloso de mí». La frase dice mucho sobre la conciencia artística e intelectual de Schönberg, y sobre la ética y la transcendencia de su obra.

No me he referido todavía a Arnold Schönberg como maestro, aunque esta faceta es inseparable del resto de las que conforman su persona: el hombre está unido al artista, y ambos al maestro. Uno y otro son el mismo.

En un ejemplar de su *Tratado de armonía* (1911), el que le regaló a su esposa Gertrud el año en que se casaron, se puede leer esta dedicatoria:

> Nosotros no vamos a necesitar tratados de armonía. Yo he escrito éste porque no la he estudiado y tú quieres leerlo, aunque no descubrirás nada que no sepas ya. En más de una ocasión te he dicho que uno sólo aprende aquello que ya sabía hacer. Por eso es tan breve el capítulo «Compás y armonía». El compás es disposición para la armonía, y la armonía es teoría de la forma. Su significado profundo sólo se revela a quien no indaga en ella. Ése conoce la respuesta antes de formular la pregunta.

Esta reflexión tan ambigua es muy propia de Schönberg. «Uno sólo aprende aquello que ya sabía hacer». Por una parte, el autodidacta y, por otra, el artista creador. Nadie puede enseñar al compositor su arte. Si explicamos «cómo se hace» y «cómo lo han hecho otros», ofrecemos una clase sobre arte, pero no enseñamos a crear arte. El verdadero artista no necesita más formación que aquella con la que ha nacido: su talento siempre será más fuerte que su oficio. Por eso, la tarea del maestro de un artista sólo puede consistir en enseñarle lo que ya sabía hacer, aunque no fuese consciente de ello. En otras palabras: el artista ha de aprender a escucharse a sí mismo. Luego, con el tiempo, irá adquiriendo la técnica que necesita para expresarse. Schönberg jamás enseñó a sus discípulos cómo se hace música, sino que los ayudó a entender qué es la música. Esto explica que sus mejores discípulos—pensemos en Alban Berg, Anton

Webern, Winfried Zillig, Nikos Skalkottas, Hanns Eisler o Richard Hoffmann—tuvieran, desde el principio, un estilo propio, y que jamás imitaran la música que el maestro escribía, porque éste siempre los animó a seguir su instinto, a escucharse a sí mismos. En el otoño de 1933, cuando Schönberg se vio obligado a buscar trabajo en Estados Unidos, redactó una memoria para el director de un conservatorio de Boston en la que exponía sus ideas sobre la enseñanza de la música. En ella recordaba los cursos de composición que había ofrecido en el invierno de 1917-1918 en Viena, cuyo objetivo era conseguir que los estudiantes descubrieran, por medio de la observación y la reflexión, los elementos que estaban en la base del arte musical. Mencionaba el análisis de la obra de Bach para los alumnos avanzados interesados en el contrapunto, que también podía resultar útil para los pedagogos, pues podían servirse de él para conseguir que los alumnos se encontrasen a sí mismos. Desde que uno se encuentra a sí mismo hasta que alumbra una expresión personal, es decir, hasta el acto creativo, no hay más que un paso.

Schönberg empezó a enseñar cuando tenía treinta años. Anton Webern fue uno de sus primeros alumnos. Con treinta y cinco años escribió su *Tratado de armonía*, que, en el fondo, forma parte de una teoría de la composición y sigue siendo tan revolucionario e instructivo como en el momento en que se publicó. Sus ideas pedagógicas, estéticas y artísticas reaparecen una y otra vez en notas, cartas, artículos y borradores que las completan, reformulan y vinculan con otros campos. Las «Directrices para la creación de un organismo estatal para la promoción del arte», que presentó el arquitecto Adolf Loos al Gobierno austríaco después de la Primera Guerra Mundial, contienen un apartado dedicado a la música que firma Schönberg. En él se dice:

La tarea más importante del departamento de música será garantizar la hegemonía de la nación alemana en el campo de la música, que se basa en el talento innato de nuestro pueblo. Tradicionalmente, el maestro de escuela alemán era maestro de música y esto permitía que incluso los municipios más pequeños tuvieran un bagaje musical importante del que se nutría una elite de futuros músicos. Con el establecimiento de las modernas escuelas elementales, la clase de música de redujo, en el mejor de los casos, a una clase de canto. Si no ponemos remedio, dentro de cien años habremos perdido la hegemonía de la que hablaba.

Tras lanzar esta advertencia, Schönberg presenta una propuesta para fundar escuelas básicas, medias y superiores de música. Le parece la mejor solución, pues llevar las clases a las escuelas elementales resultaría demasiado costoso y difícil de organizar. En la década de 1920 surge la idea de crear una «Escuela internacional de formación en el estilo». Años antes, Schönberg había sentado las bases para llevar a cabo un seminario de composición que se haría realidad a finales de 1918 en Viena, al menos por un tiempo, gracias a la colaboración de Webern, Berg y algunos alumnos mayores. El sistema de enseñanza de las universidades y los *colleges* estadounidenses, tan distinto del europeo, estimuló una vez más la vocación pedagógica de Schönberg. El maestro desarrolló una intensa actividad docente en la Universidad de California. En el legado se conserva un detallado plan de estudios con pruebas de evaluación. Existe además una carta dirigida al rector de la Universidad de Chicago en la que explica pormenorizadamente cómo organizar un departamento de música.

Los artículos en los que Schönberg reflexiona sobre las clases de composición abundan en la idea que hemos apuntado anteriormente: su función no es transmitir al alumno lo que el maestro sabe, sino lo que el alumno necesita. No enseña un estilo, no proporciona recetas para componer y no anima a ningún estudiante a escribir música atonal o dodecafónica. Recuerdo un artículo de Ernst Křenek que apareció pocos años después de la guerra, en el que hablaba sobre la música moderna en Estados Unidos y la influencia que pudieron ejercer los maestros europeos que emigraron a este país. En cierto momento expresaba su asombro, incluso su desencanto, por el hecho de que Schönberg se negara a impartir clases de composición dodecafónica. Aunque a primera vista pueda sorprender, la postura de Schönberg es coherente con lo que siempre había defendido. De hecho, tenía a gala no haber animado a componer jamás a nadie; más bien al contrario, de los cientos de alumnos que pasaron por sus clases sólo una mínima parte tenía auténtico talento creativo y el maestro se lo decía abiertamente. Puede que a algunos les parezca una actitud poco respetuosa, excesivamente dura, pero si consideramos el desmesurado número de compositores que existen hoy en día, tendremos que dar la razón a Schönberg: para que el genio triunfe hay que evitar la proliferación de artistas mediocres.

En el otoño de 1926, la Academia de las Artes de Prusia recibió una carta firmada por una joven de Leipzig, la señorita Fuhrmann. Deseaba matricularse en la clase magistral de composición de Schönberg para aprender música atonal. El secretario general, profesor Amersdorfer, remitió la carta a Schönberg y éste le respondió lo siguiente:

Después de leer la carta de la señorita Fuhrmann, me gustaría aclarar algunos puntos:

1. Creo que se ha producido un malentendido: yo no enseño «música atonal», sino música. No creo que éste sea el momento indicado para llevar la música atonal a las aulas. No estaría

bien que yo lo hiciera. Hay que enseñar a componer como Dios manda.

2. En realidad, mis clases, más que instruir, pretenden guiar. Por eso prefiero centrarme en alumnos que puedan sacar un provecho práctico de mis orientaciones, es decir, en compositores o, por lo menos, en personas que puedan llegar a serlo.

3. Dicho esto, no me niego a aceptar, de manera excepcional, oyentes que, como la señorita Fuhrmann, deseen asistir a las clases teóricas que ofrezco a mis alumnos de vez en cuando.

Estimado profesor Amersdorfer: la carta de la señorita Fuhrmann me ha brindado la oportunidad de aclarar una cuestión sobre la que debería haberme pronunciado hace tiempo. Le ruego que me indique a quién debo dirigirme para zanjar esta clase de asuntos en el futuro. En lo que se refiere a los trámites administrativos ando completamente perdido.

Reciba un cordial saludo.

ARNOLD SCHÖNBERG

Los modelos de Schönberg fueron Bach y Mozart. De la mano de sus obras, junto con las de Beethoven, Brahms y algunos otros, fue introduciendo a sus alumnos en el misterioso mundo de la composición.

Quien analice mi música, se dará cuenta de lo mucho que debo a Mozart. Aquellos que me miran incrédulos y piensan que les estoy tomando el pelo comprenderán por qué puedo considerarme, con razón, «discípulo de Mozart». No les ayudará a entender mi música, pero sí la de él. Y, por otra parte, servirá para que los jóvenes compositores aprendan de los grandes maestros y conserven esas enseñanzas en su corazón, algo esencial si quieren emprender un camino propio, personal.

La cita procede de uno de los textos más importantes de Schönberg, «Brahms, el progresista», que, por desgracia, hasta ahora, sólo se ha publicado en inglés. En él toma muchos ejemplos de las partituras de Brahms para demostrar lo injusto que es considerarlo conservador y ajeno a la modernidad frente a Wagner. Desde un punto de vista formal, el modo en que Brahms construye su música sigue siendo sumamente innovador y avanzado, incluso para nuestra época. Y luego está Bach: Schönberg convirtió en notas las cuatro letras que forman su apellido y las utilizó para componer música, rindiéndole así homenaje. Para el maestro, Bach es una «continua revelación». En la memoria que redactó para el conservatorio de Boston, a la que he hecho referencia anteriormente, habla de su música con suma humildad: «Nadie puede analizar las fugas de Bach con la profundidad que merecen». En un artículo titulado «Música nueva, música anticuada. El estilo y la idea», un estudio que, como ocurre con el que dedicó a Brahms, sólo se ha publicado en inglés, encontramos algunas reflexiones que arrojan luz sobre el fenómeno Schönberg. Los doce tonos están tan presentes en la obra de Bach que el maestro siente la tentación de considerarlo el primer compositor del dodecafonismo. Más allá de la broma, el comentario pone de manifiesto que la composición dodecafónica no tiene nada de mecánica. Schönberg desarrolla esta idea en otro artículo titulado «Bach y los doce tonos», en el que cita numerosos ejemplos tomados de *El clave bien temperado*. Así, por ejemplo, la *Fuga n.º 24 en si menor*, BWV 893, comienza con un tema que contiene los doce tonos. Más importante aún es el hecho de que esta fuga pueda calificarse como cromática, con más derecho incluso que aquellas a las que se les concede este título. Los acordes alterados cromáticamente de esta obra se apartan con claridad del sistema tonal aproximándose a la escala cromática que utilizaría una composición dodecafónica. En distintas ocasiones, tanto en sus clases como en sus escritos, Schönberg manifestó su convicción de que Bach tenía que conocer necesariamente los secretos de la tonalidad, un conocimiento que, en oposición a los teóricos, le habría permitido construir los distintos temas de *El arte de la fuga* sobre un acorde roto, imitando la técnica canónica. Para Schönberg, la obra de Bach es un prodigio que ningún cerebro humano puede concebir. El artista es un mero instrumento del que se sirve un poder superior que guía su mano. El contrapunto sería la lengua materna de Bach, que habría traducido a la lengua del contrapunto humano lo que ese poder le dictaba. Además de acercarnos a la música de Bach, el ensayo de Schönberg da testimonio de su fe en la vocación del artista, bendecido con un don casi divino, y pone de manifiesto el error que cometen quienes consideran su música como una construcción puramente intelectual. Tanto para Bach como para Schönberg, la fantasía está por encima del intelecto. Schönberg solía lamentar el destino de Philipp Emanuel Bach, el hijo del compositor, que había aprendido de su padre el arte del contrapunto y habría podido alcanzar la misma fama que él, «si no hubiera considerado que su estilo había pasado de moda y se hubiera apropiado de su fuerza expresiva y de su personalidad».

No es posible enseñar los secretos de la música. Son un saber innato, que se tiene o no se tiene. Ésta es la razón por la que Adrian Leverkühn, el personaje de Thomas Mann, no comprende la esencia del dodecafonismo. Sólo sabe lo poco que ha podido contarle el señor Adorno, que sólo sabe lo poco que yo pude contarle a él como alumno. El saber fáctico (*facts*) continuará siendo ignorado hasta que alguien con talento natural tome posesión de él. Como ya les ocurrió a Telemann, Philipp Emanuel Bach o [Reinhard] Keiser, los compositores de hoy en día no quieren nuevas ideas, se conforman con un nuevo estilo que rechaza el cromatismo, las melodías expresivas, las armonías wagnerianas, el romanticismo, las alusiones (*hints*) biográficas, la subjetividad, las progresiones armónicas, las ilustraciones, el uso del *leitmotiv*, las referencias al ambiente o a la acción que se desarrolla sobre el escenario, la dicción que realza la letra de una ópera, de una canción, de un coro... es decir, todo lo que antes se daba por bueno. Al margen de estas prohibiciones «oficiales» se han introducido novedades que no aportan nada positivo: pedales en lugar de bajos melódicos y armonía resolutiva, ostinatos y secuencias en lugar de variaciones progresivas, fugatos con idéntico propósito, disonancias con las que se disimula la vulgaridad del tema, objetividad (*Neue Sachlichkeit*), y una especie de polifonía para sustituir el contrapunto, que es más bien una imitación libre o, como suelo decir yo, un «contrapunto rimbombante» que sólo suena como si verdaderamente significara algo.

Schönberg planeaba escribir una gran obra, titulada *El contrapunto de Bach*, de la que, por desgracia, sólo conservamos un primer borrador: veinticuatro páginas manuscritas con ejemplos, cada una de ellas con un título propio que se correspondería con un capítulo. La estructura del libro, apenas desarrollada, nos permite intuir, sin embargo, las novedades que habría aportado al estudio de la música de Bach. Del interés de Schönberg por Bach y por el contrapunto surge lo que conocemos como «serie prodigiosa», que también forma parte del legado. Se trata de una serie dodecafónica que Schönberg creó un año antes de su muerte, de manera inesperada, pues no guarda relación con ninguna pieza, una construcción abstracta que existe en sí y para sí. Tal y como indica el comentario que la acompaña, ofrece: «Un repertorio mucho más rico que los contrapuntos dobles de cualquier especie. Como es natural, hay que inventar más temas que nunca, pero multiplica las posibilidades de encontrar formas emparentadas entre sí, con un sonido totalmente distinto». Según explica Schönberg en otro de sus artículos sobre Bach, es exactamente igual que un canon a dos o más voces, que puede escribirse en una sola línea, pero del que resulta una melodía distinta. Se prueba así la estrecha relación que existe entre el contrapunto y el dodecafonismo, cuya estructura primaria también es lineal, aunque luego se entrelacen varias voces. «Lo armónico (como elemento formal) no se pone en duda» ni en un caso ni en otro. «Formas emparentadas entre sí, con un sonido totalmente distinto», unidad en la diversidad, ésa es la esencia del arte.

Como ocurre con las piezas dodecafónicas, en una composición contrapuntística la prioridad de Schönberg es hacer una música ordenada, rigurosa, respetando las normas, pero sin robarle el aliento. Para ello es preciso haber cultivado previamente una inteligencia contrapuntística que permita componer a partir del inconsciente y que haya interiorizado la corrección técnica, objetiva, hasta hacerla carne y sangre, como si fuera una segunda naturaleza. En una carta del año 1932, leemos lo siguiente:

> Por lo que se refiere a la renovación del contrapunto, sólo le puedo remitir a las composiciones que he ido dando a conocer desde alrededor de 1921. De momento, no puedo ofrecerle ninguna justificación teórica. Lo importante para componer es el sentimiento, el sentido de la forma y el instinto musical.

Y en un artículo titulado «El corazón y el cerebro en la música» añade:

> Hay temporadas en las que me siento incapaz de escribir un solo ejemplo de contrapunto simple a dos voces, como los que pido

en los cursos avanzados. No puedo componer nada sin inspiración. En este sentido soy mucho peor que gran parte de mis alumnos, que no necesitan inspirarse para escribir un contrapunto mejor o peor.

Justo después de poner punto final a su *Tratado de armonía*, en 1911, Schönberg comienza a redactar un manual de contrapunto. El trabajo, interrumpido y retomado una y otra vez, se puede seguir al detalle porque en el legado se conservan todos los borradores hasta la cuarta y definitiva versión, que data de 1942. Había previsto que la obra constase de tres tomos, pero, por desgracia, sólo completó el primero, que trata sobre el contrapunto simple. Sin embargo, nos han llegado numerosas fugas y arreglos corales destinados a los tomos posteriores. En el caso de Schönberg, la maestría musical y la técnica siempre van de la mano. Para comprobarlo podemos acudir a la fuga a cinco voces con la que comienza la *Suite en estilo antiguo en sol mayor para orquesta de cuerda*, compuesta en 1934, una forma creada por Lully y enormemente apreciada hasta Gluck. Se trata de la primera composición tonal escrita por Schönberg desde el *Cuarteto de cuerda n.º 2*, op. 10, que se remonta a veintiséis años atrás. Un prólogo que no llegó a publicarse, pero que se encuentra en el legado, aporta algunas claves para entender esta obra. El propósito de Schönberg era crear una pieza didáctica para las orquestas universitarias estadounidenses que pudiera satisfacer tanto a los profesores como a sus estudiantes, que tendrían la oportunidad de conocer las modernas técnicas de interpretación y familiarizarse además con cuestiones relacionadas con el ritmo, la entonación, la composición, el contrapunto y el fraseo, recursos que, desde un punto de vista técnico e intelectual, se sitúan en un nivel artístico muy superior a aquel en el que se mueven esas melodías rudimentarias, sin variaciones y apenas desarrolladas que tanto gustan al gran público de cualquier país. La obra desafía el conservadurismo de aquellos maestros que no poseen nada que merezca la pena conservar, ni siquiera la capacidad para componer una fuga como la de esta pieza. Pero, al mismo tiempo, pretende estimular a los verdaderos maestros, que promueven y difunden la cultura, poniendo a su disposición un modelo con el que guiar a sus alumnos hacia la verdad, educándolos en el respeto hacia el talento artístico, haciéndoles comprender que una cultura sólo puede perdurar si crece, como todo lo que está vivo, y que se seca y muere en cuanto deja de evolucionar, inculcándoles que la técnica y el intelecto sólo son artísticos y, por lo tanto, dignos de ser conservados cuando constituyen un instrumento para seguir avanzando. Como en tantas ocasiones, las palabras de Schönberg, claras y rotundas, cayeron en saco roto. Aunque después de lo dicho no habría sido necesario, el prólogo añade que esta obra no supone, en modo alguno, el abandono de la música atonal y dodecafónica que ha compuesto hasta entonces.

Schönberg suele acompañar los arreglos de las obras de otros compositores con comentarios y análisis muy detallados que nos ayudan a completar su perfil como maestro y como artista. En épocas anteriores se trataba de una labor habitual, baste recodar los arreglos de Vivaldi que hizo Bach o los de Händel que hizo Mozart. A medida que decayó el interés por este trabajo se olvidó también la técnica que exige. Esto explica que los arreglos de Schönberg chocaran con una enérgica oposición por parte de críticos y musicólogos, que se aferraban a antiguos principios técnicos y estéticos, ignorando los cambios que se habían producido. Ninguna norma tiene una validez eterna, sobre todo cuando hablamos de la composición musical. Esto es lo que Schönberg reivindicaba. Todo lo que tocaba un hombre con su talento se convertía en música. Eso es lo que ocurrió con los compositores del siglo XVIII cuyas obras arregló antes de la Primera Guerra Mundial, por encargo de Guido Adler, para los *Monumentos de la música austríaca*, que jamás contempló como piezas de museo que hubiera que conservar y proteger de la polilla, de acuerdo con el conocimiento científico disponible, sino como música viva. En este sentido debemos entender la respuesta que dio al crítico musical vienés Max Graf, redactada en la segunda página del manuscrito del *Concierto para violonchelo* de Georg Matthias Monn, toda una teoría de la composición formulada por un maestro en el oficio. Mucho más tarde, a finales de 1932, Schönberg tomó otra obra de Monn, al que evidentemente apreciaba mucho, un *Concierto para clavicémbalo*, y lo convirtió en un *Concierto para violonchelo y orquesta*. Las notables dificultades técnicas que presenta el solo han hecho que apenas se haya vuelto a interpretar desde su estreno en Londres, en 1935, a cargo del violonchelista Emanuel Feuermann. Schönberg escribió una carta en la que expresaba su satisfacción con el resultado, en particular por la brillantez del sonido. Su principal preocupación había sido compensar las carencias del estilo de Händel, del que la obra es heredera, igual que lo había hecho Mozart con el *Mesías*, prescindiendo de secuencias enteras, que le parecían insustanciales, y sustituyéndolas por otras más significativas. «También intenté paliar una segunda carencia de Händel relacionada con el tema, que suena muy bien cuando se presenta, pero va perdiendo fuerza a medida que se desarrolla. Creo que logré acercar la obra al estilo de Haydn». Más audaz aún fue su intervención en el *Concerto grosso*, op. 6, n.º 7, de Händel, que convirtió en un concierto para cuarteto de cuerda y orquesta. No cabe duda de que llegó mucho más lejos que Mozart y Brahms en sus arreglos para el compositor, sobre todo en el tercer y el cuarto movimientos. Consideró que la invención y el desarrollo del tema eran demasiado pobres y les dio una estructura totalmente nueva: en el tercero sustituyó el *andante* por un *allegretto grazioso*, y el cuarto lo cambió de arriba abajo. Las convicciones artísticas de Schönberg están por encima de cualquier otra consideración. Lo único que le importa es la calidad musical. No se deja impresionar por el prestigio de los grandes compositores, no trata de cubrir sus carencias, al contrario, las pone de manifiesto. El único criterio que admite es la excelencia. En el momento en que se pone manos a la obra no se detiene ante nada hasta que consigue retirar el polvo que ha ido depositándose sobre la obra a lo largo los siglos y que con demasiada frecuencia consideramos parte de ella.

Dos grandes fugas dobles, la del *Preludio*, op. 44, y la del interludio de *Moisés y Aarón*, así como los coros de dicha ópera dan testimonio de la maestría con la que Schönberg transformaba las formas antiguas en obras dodecafónicas gracias a su imaginación. Si nos centramos en su obra tonal y en el canon como forma artística, podemos citar más de cuarenta piezas que no tendrían nada que envidiar a las de los grandes maestros holandeses del contrapunto. La mayoría las compuso para ocasiones solemnes, como aniversarios y otras celebraciones, algunos son cánones enigmáticos cuya letra, alegre y optimista, hace referencia al propósito para el que se escribieron.

Si hablamos de los arreglos de Schönberg, no podemos dejar de mencionar los de las obras de Bach. Sólo son tres: dos preludios corales y el *Preludio y fuga en mi bemol mayor*, una pieza para órgano que Schönberg adaptó para que la interpretase una gran orquesta. Despertó la ira de sus adversarios y dudas incluso entre los que pensaban bien de él, porque, precisamente entre 1920 y 1930, después de muchas controversias, se había establecido por fin una nueva imagen de Bach. Al descartar las diferencias dinámicas que habían marcado la interpretación de su música hasta entonces (por influencia del Romanticismo, según se creía), el compositor se había convertido en una pálida figura en blanco y negro. Y justo entonces apareció Schönberg con esas aparatosas instrumentaciones que procedían del romántico siglo XIX: era exasperante. Pocos se dieron cuenta del propósito con el que Schönberg utilizaba la gran orquesta: no pretendía jugar con la tonalidad, sino dar plasticidad a la polifonía de Bach. Schönberg lo explica en una larga carta que escribió en 1930 al director de orquesta Fritz Stiedry. En ella reconoce que no sabemos cómo era la interpretación en la época de Bach y tampoco cómo utilizaba el órgano. Nuestra «necesidad de sonido» no tiene que ver con una tonalidad más o menos rica, sino con la posibilidad de utilizar esa tonalidad para diferenciar las voces y percibir así el contrapunto como sostén de la idea musical. No sabemos si los órganos de la época de Bach podían lograr este efecto, los organistas de hoy no pueden.

> Soy consciente de ello y ésta es la razón que me ha movido a actuar. Nuestra concepción de la música exige que podamos percibir el desarrollo de un motivo tanto en horizontal como en vertical. No nos basta con confiar en el efecto inmanente de la estructura contrapuntística, sino que queremos percibir el contrapunto, queremos apreciar cómo se relacionan unos motivos con otros. No nos basta con el «agradable» efecto que se consigue combinando artísticamente un conjunto de voces. Necesitamos transparencia para ver lo que hay al otro lado.

Schönberg está convencido de que el medio para conseguirlo es el fraseo.

> Hay que utilizar el fraseo, pero no para «provocar emociones», como ocurría con el *pathos* romántico, sino para: 1) buscar un equilibrio en la línea melódica; 2) velar o revelar, según convenga, los motivos musicales; 3) poner de manifiesto la dinámica propia de cada voz y la relación que establece con el conjunto (transparencia).

Ésta es la clave para comprender el sentido de las instrumentaciones de Schönberg para las obras de Bach. La carta concluye con una frase lapidaria: «En estas circunstancias, la transcripción deja de ser un derecho y se convierte en una obligación». Schönberg, que amaba y admiraba la música de Bach, es consciente de esta obligación y cumple con ella como músico y como creador, renunciando a las teorías y a las especulaciones de los musicólogos.

Schönberg completa este razonamiento sobre la instrumentación de la música de Bach con un análisis detallado de los problemas que plantea el órgano. En su opinión habría que utilizar únicamente registros que permitieran escuchar con nitidez cada una de las voces. «La tonalidad apenas despierta mi interés. Me parece que su único propósito es clarificar la idea, proporcionar transparencia al tema y a los motivos, y, en ocasiones, aportar expresividad y carácter». En otras palabras: por lo general, la tonalidad tiene una importancia secundaria en la música de Schönberg, su única función es reproducir la idea musical de la manera más plástica posible. Por eso, un órgano no debería tener demasiados registros, entre dos y seis sería suficiente, una recomendación que coincide con la tendencia dominante en nuestros órganos modernos. Estos registros, añade, deberían abarcar de siete a ocho octavas y cada uno de ellos debería ofrecer una dinámica que fuera desde el *pianissimo* más delicado hasta el *fortissimo* más rotundo. El maestro expone sus necesidades como compositor y asigna una tarea concreta a quienes se dedican a construir instrumentos. Schönberg volvió una y otra vez sobre este tema en distintos artículos que fue publicando a lo largo de los años. En 1926, en Berlín, tuvo ocasión de oír y examinar con detenimiento el trautonio, creado por Trautwein, uno de los primeros instrumentos musicales electrónicos. A raíz de esta experiencia publicó un artículo titulado «Instrumentos musicales mecánicos», en el que señalaba que un instrumento no debería imitar, en modo alguno, el timbre de aquellos que forman una orquesta. Los creadores de este tipo de instrumentos deberían centrarse en fomentar el virtuosismo facilitando la técnica interpretativa, ampliar el ámbito de las melodías y crear nuevos timbres por medios técnicos. Es lo que ha conseguido la música electrónica.

Los escritos de Schönberg siguen siendo plenamente actuales. Todavía hoy continúan planteándose objeciones a la música no tonal que tienen que ver con problemas de entonación irresolubles. Por ejemplo, en un instrumento de cuerda o de viento, un re bemol es más alto que un do sostenido. La música no tonal ignora esta distinción, en su caso, el do sostenido y el re bemol son idénticos. Para salvar este escollo bastaría con recordar la importancia que la música del siglo XIX concedió a la enarmonía para la afinación temperada propia de la música occidental. Schönberg, en cambio, entró en el fondo de esta cuestión en una de las cartas que escribió en los Estados Unidos. Para empezar, constata que el piano sólo tiene tonos temperados, de modo que el do sostenido y el re bemol son el mismo sonido. Cuando se trata de instrumentos de cuerda, utiliza siempre la entonación temperada, en la que un do sostenido y un re bemol se encuentran exactamente a medio tono entre el do y el re, sin entrar en cuestiones armónicas.

Creo que una persona que «perciba otros tonos» distintos de los que acabo de indicar no es apta para la música. Porque una cosa es tener oído musical y otra tener oído natural. Un oído musical debe haber asimilado la escala temperada. Un cantante que atiende a la altura natural de una nota no es musical, del mismo modo que alguien que se comporta en la calle de manera «natural» tampoco es moral.

De hecho, hay personas con oído absoluto que no tienen ningún talento para la música, porque no son musicales. «Es imprescindible tener un oído musical», dice Schönberg en su *Tratado de armonía*, porque «el oído es el entendimiento del músico». Cuesta imaginar una refutación más acertada de la tesis que sostiene que Schönberg era un ingeniero de la música. Para él, el oído absoluto es una realidad compleja, pues tiene que ver con la capacidad para percibir tonos, recordarlos, reconocerlos, reproducirlos, imaginarlos y relacionarlos mentalmente con otros (lo que llamamos oído interior).

Salvo por un capítulo dentro de su libro *El estilo y la idea*, Schönberg no escribió ningún trabajo teórico acerca del dodecafonismo. Y lo hizo deliberadamente, pues, como comentó en cierta ocasión en tono de broma, le parecía una forma de componer para andar por casa. Cuando le indicaron que Josef Matthias Hauer también componía con doce tonos, habló con su discípulo Erwin Stein para que publicara un artículo explicando las ideas en la que se basaban sus obras dodecafónicas y evitar así que le acusaran de plagio, lo cual sería un auténtico disparate porque, si uno compara la música de Schönberg con la de Hauer, se dará cuenta de que lo único que tienen en común son los doce tonos. En suma, Schönberg jamás enseñó composición dodecafónica, ni en Europa ni en Estados Unidos. Sólo en casos puntuales, cuando algún joven compositor mostraba una inclinación clara hacia el dodecafonismo, se prestaba a ayudarle, si era necesario, proporcionándole indicaciones técnicas. De ahí el interés de las numerosas observaciones que realizó sobre este tema, la mayoría en cartas, un material que no se ha estudiado en profundidad hasta ahora. Así, por ejemplo, Schönberg se dirigió a su suegro, el violinista Rudolf Kolisch, para protestar enérgicamente contra los análisis que se limitaban a señalar las series dodecafónicas presentes en sus obras. «He intentado hacérselo entender a Webern y a Berg, y también a Wiesengrund [Adorno] [...] pero no lo comprenden»; «No me cansaré de repetir que mis obras son composiciones dodecafónicas y no series de doce tonos». En una nota a propósito del *Doktor Faustus* de Thomas Mann comenta en tono burlón:

> Leverkühn es uno de esos aficionados que creen que para componer música dodecafónica basta con jugar con una serie fundamental o con sus inversiones. Pero pensar que esta regla convierte a alguien en un compositor original es tan infantil o tan absurdo como lo sería creer que para componer música hay que saltarse determinadas prohibiciones, por ejemplo, evitar las quintas o las octavas paralelas.

Una y otra vez se proclama la primacía de la creación inconsciente por encima de la consciente. La carta a Kolisch que he citado anteriormente lo confirma:

> Aunque no me avergüenzo de ninguna obra que tenga un fundamento constructivo cabal, consciente, reconozco que el resultado nunca estará a la altura de aquellas que han surgido por inspiración, inconscientemente. De hecho, no me gustaría que me considerasen un ingeniero de la música por haberme dedicado a combinar series en alguna que otra ocasión, porque eso significaría que no se aprecia mi talento. Creo poder ofrecer más de lo que sugiere ese título y estoy convencido de que no defraudaré a aquellos que han confiado en mí y tienen derecho a ver cumplidas sus expectativas.

En otro lugar encontramos una sentencia lapidaria: «Pero, como siempre sucede con el arte, esto no depende del material, sino del genio».

Lo mismo cabe decir de Schönberg como maestro.

> Nunca en la vida he desarrollado una teoría. No compongo conscientemente una música tonal, politonal o serial. Escribo lo que siento en mi corazón, y lo que plasmo en el papel ha pasado antes por todas las fibras de mi ser. Por eso, tampoco puedo decir cuál será el estilo de mis próximas composiciones. Porque estará determinado por lo que sienta en el momento en que conciba y elabore mis ideas.

Muchas veces he sido testigo de lo que ocurría cuando un alumno se acercaba a Schönberg con una composición supuestamente moderna. El maestro tomaba un lápiz y empezaba a tachar todos los errores de tonalidad que daban a la pieza un aspecto «interesante», demostrando así que se trataba de una obra tonal a la que había revestido de un ropaje pseudomoderno para disimular su falta de imaginación. Por otra parte, hay que decir que el padre de la música no tonal y el inventor de la composición dodecafónica jamás rechazó las obras de su época tonal, que apreciaba tanto como su música posterior. Prueba de ello es el análisis que redactó en 1950 sobre el sexteto de cuerda *Noche transfigurada* que había compuesto en 1899. Para él la invención y la expresión, la lógica y la naturalidad, junto con la riqueza de la idea musical eran los valores que definían la calidad artística de una obra. Y entendía que su tarea era enseñar a sus discípulos a descubrirlos en las obras de los grandes maestros, dejando a un lado los recursos puramente técnicos. Estaba convencido de que el verdadero compositor escribe música por puro placer. Quien compone pensando en el público, para cosechar su aplauso, no es un verdadero artista. Lo importante es expresar algo, da igual si gusta o no, aunque ni siquiera uno mismo esté satisfecho con lo que ha logrado. Además de una novedosa teoría de la instrumentación y de su manual de contrapunto, Schönberg dejó un ensayo que me parece fundamental. La última versión de esta obra, para la que había comenzado a recoger ideas en 1917, lleva por título *Der musikalische Gedanke und die Logik, Technik und Kunst seiner Darstellung* ['El pensamiento musical y la lógica. El arte y la técnica de su representación']. Queda clara la razón por la que Schönberg apenas escribió algo sobre la técnica que empleaba para la composición dodecafónica. La veía como un «método artesanal que no tiene una influencia decisiva ni en la construcción ni en el carácter de una obra». El manuscrito, cuya redacción comenzó en 1934, sufrió continuas interrupciones y no se llegó a completar, abarca más de doscientas páginas. A pesar de su estado fragmentario, un somero vistazo a su contenido revela que estamos ante una de las obras de teoría de la música más importantes de la tradición occidental.

La obra de un genio es atemporal. Sin embargo, cada época descubre en ella algo distinto, nuevos valores, nuevos significados, nuevas maneras de interpretarla. Y, viceversa, lo que hasta entonces se reconocía y se apreciaba, se considera irrelevante, incorrecto o cambia de carácter al contemplarlo bajo otra luz. La imagen de Bach o la de Mozart, por ejemplo, se han transformado radicalmente a lo largo del tiempo. Lo mismo está sucediendo ya con Schönberg, aunque apenas hayan pasado unas décadas desde su fallecimiento. Sin embargo, su caso presenta una particularidad: nos faltan elementos para trazar una imagen completa. Así pues, tenemos que hablar de un «Schönberg desconocido». Poco a poco, trabajosamente, vamos reconstruyendo la figura del hombre, del músico y del maestro, a partir de sus grandes obras y de pequeños detalles. A medida que vayan aflorando los tesoros que esconde su legado, nos iremos aproximando a una personalidad compleja y fascinante, de una envergadura intelectual asombrosa. Sólo nos haremos una idea de lo que representó cuando todos sus escritos estén al alcance del público. Profundizar en el genio de Arnold Schönberg para que su arte fructifique será una de las tareas más hermosas que aguarda en el futuro a quienes él llamaba «personas musicales».

NOTA A LA EDICIÓN

La publicación del *Diario de Berlín* de Arnold Schönberg ha sido posible gracias a los permisos que amablemente otorgaron la señora Nuria Nono-Schönberg, que reside en Venecia, y la editorial Fischer, con sede en Fráncfort del Meno, que lo publicó como parte de los dos tomos de los *Escritos completos* de Arnold Schönberg. La reproducción de la «Introducción a la ópera cómica *De hoy a mañana*», escrita por el propio autor, es fruto de un acuerdo con el Departamento de Música de la Biblioteca Estatal de Berlín. El «Homenaje a Schönberg» del profesor Josef Rufer se basa en la serie de conferencias titulada *Arnold Schönberg: Der Mensch, der Musiker, der Lehrer* ['El hombre, el músico, el maestro'], que ofreció en 1960 a través de la NDR, emisora de radio Hamburgo.

ESTA EDICIÓN, PRIMERA, DE
«DIARIO DE BERLÍN», DE ARNOLD SCHÖNBERG,
SE TERMINÓ DE IMPRIMIR EN
CAPELLADES EN EL MES
DE SEPTIEMBRE
DEL AÑO
2024

Colección El Acantilado
Últimos títulos

296. W. STANLEY MOSS *Mal encuentro a la luz de la luna. El secuestro del general Kreipe en Creta durante la Segunda Guerra Mundial* (2 ediciones)
297. NICOLE DACOS *«Roma quanta fuit». O la invención del paisaje de ruinas*
298. MARK EVAN BONDS *La música como pensamiento. El público y la música instrumental en la época de Beethoven* (2 ediciones)
299. CHARLES ROSEN *Schoenberg*
300. JUAN ANTONIO MASOLIVER RÓDENAS *El ciego en la ventana. Monotonías*
301. KARL SCHLÖGEL *Terror y utopía. Moscú en 1937* (4 ediciones)
302. JOSEPH ROTH & STEFAN ZWEIG *Ser amigo mío es funesto. Correspondencia (1927-1938)* (3 ediciones)
303. MARINA TSVIETÁIEVA *Diarios de la Revolución de 1917* (4 ediciones)
304. CAROLINE ALEXANDER *La guerra que mató a Aquiles. La verdadera historia de la «Ilíada»* (2 ediciones)
305. JOSEP MARIA ESQUIROL *La resistencia íntima. Ensayo de una filosofía de la proximidad* (14 ediciones)
306. ANTOINE COMPAGNON *El demonio de la teoría. Literatura y sentido común*
307. EDUARDO GIL BERA *Esta canalla de literatura. Quince ensayos biográficos sobre Joseph Roth*
308. JORDI PONS *El camino hacia la forma. Goethe, Webern, Balthasar*
309. MARÍA BELMONTE *Peregrinos de la belleza. Viajeros por Italia y Grecia* (11 ediciones)
310. PEDRO OLALLA *Grecia en el aire. Herencias y desafíos de la antigua democracia ateniense vistos desde la Atenas actual* (5 ediciones)

311. AURORA LUQUE *Aquel vivir del mar. El mar en la poesía griega. Antología* (2 ediciones)

312. JOHN ELIOT GARDINER *La música en el castillo del cielo. Un retrato de Johann Sebastian Bach* (7 ediciones)

313. ISABEL SOLER *El sueño del rey. Viajes y mesianismo en el Renacimiento peninsular*

314. RENÉ GROUSSET *El Conquistador del Mundo. Vida de Gengis Kan*

315. MARC FUMAROLI *Cuando Europa hablaba francés. Extranjeros francófilos en el Siglo de las Luces*

316. G. K. CHESTERTON *Alarmas y digresiones*

317. YURI BORÍSOV *Por el camino de Richter*

318. JOSÉ MARÍA MICÓ *Para entender a Góngora*

319. MARTA LLORENTE *La ciudad: huellas en el espacio habitado*

320. RAMÓN ANDRÉS *Semper dolens. Historia del suicidio en Occidente* (3 ediciones)

321. YANNIS RITSOS *Orestes*

322. MAURICIO WIESENTHAL *Rainer Maria Rilke. (El vidente y lo oculto)* (2 ediciones)

323. FRANCESC SERÉS *La piel de la frontera*

324. SVETLANA ALEKSIÉVICH *El fin del «Homo sovieticus»* (14 ediciones)

325. *Conversaciones con Arthur Schopenhauer. Testimonios sobre la vida y la obra del filósofo pesimista* (2 ediciones)

326. ALBERTO SAVINIO *Contad, hombres, vuestra historia*

327. IMRE KERTÉSZ *La última posada* (2 ediciones)

328. ISABEL SOLER *Miguel de Cervantes: los años de Argel*

329. JOSEP SOLANES *En tierra ajena. Exilio y literatura desde la «Odisea» hasta «Molloy»*

330. *La eternidad de un día. Clásicos del periodismo literario alemán (1823-1934)*

331. FLORENCE DELAY *A mí, señoras mías, me parece. Treinta y un relatos del palacio de Fontainebleau*

332. NIKOLAUS HARNONCOURT *Diálogos sobre Mozart. Reflexiones sobre la actualidad de la música*

333. SIMON LEYS *Breviario de saberes inútiles. Ensayos sobre sabiduría en China y literatura occidental* (3 ediciones)

334. SAINTE-BEUVE *Retratos de mujeres*

335. LISA RANDALL *La materia oscura y los dinosaurios. La sorprendente interconectividad del universo*

336. RAMÓN ANDRÉS *Pensar y no caer* (3 ediciones)

337. PETER BROWN *Por el ojo de una aguja. La riqueza, la caída de Roma y la construcción del cristianismo en Occidente (350-550 d. C.)* (6 ediciones)

338. ALFRED BRENDEL *Sobre la música. Ensayos completos y conferencias* (2 ediciones)

339. REINER STACH *Kafka. Los primeros años; Los años de las decisiones; Los años del conocimiento* (2 ediciones)

340. JEAN-YVES JOUANNAIS *El uso de las ruinas. Retratos obsidionales*

341. KARL JASPERS *Origen y meta de la historia*

342. YAKOV MALKIEL & MARÍA ROSA LIDA *Amor y filología. Correspondencias (1943-1948)*

343. *Glenn Gould. No, no soy en absoluto un excéntrico* (3 ediciones)

344. HELENA ATTLEE *El país donde florece el limonero. La historia de Italia y sus cítricos* (9 ediciones)

345. FRANK DIKÖTTER *La gran hambruna en la China de Mao. Historia de la catástrofe más devastadora de China (1958-1962)*

346. MARÍA BELMONTE *Los senderos del mar. Un viaje a pie* (7 ediciones)

347. CHRISTIAN INGRAO *Creer y destruir. Los intelectuales en la máquina de guerra de las SS* (3 ediciones)

348. ANDRÉ SALMON *La apasionada vida de Modigliani*

349. DANILO KIŠ *Homo poeticus. Ensayos y entrevistas*

350. VASILI RÓZANOV *El apocalipsis de nuestro tiempo*

351. NICOLE LORAUX *Los hijos de Atenea. Ideas atenienses sobre la ciudadanía y la división de sexos*

352. JUAN ANTONIO MASOLIVER RÓDENAS *La negación de la luz*

353. ADAM ZAGAJEWSKI *Asimetría*

354. G. K. CHESTERTON *Ensayos escogidos. Seleccionados por W. H. Auden* (2 ediciones)

355. GIUSEPPE TOMASI DI LAMPEDUSA *Viaje por Europa. Correspondencia (1925-1930)*

356. NUCCIO ORDINE *Clásicos para la vida. Una pequeña biblioteca ideal* (13 ediciones)

357. JAN SWAFFORD *Beethoven. Tormento y triunfo* (5 ediciones)

358. LAURA J. SNYDER *El ojo del observador. Johannes Vermeer, Antoni van Leeuwenhoek y la reinvención de la mirada* (2 ediciones)

359. CHARLES ROSEN *Las fronteras del significado. Tres charlas sobre música*

360. RAFAEL MONEO *La vida de los edificios. La mezquita de Córdoba, la lonja de Sevilla y un carmen en Granada* (4 ediciones)

361. FRANCISCO DE HOLANDA *Diálogos de Roma*

362. YANNIS RITSOS *Agamenón*

363. JOSEP MARIA ESQUIROL *La penúltima bondad. Ensayo sobre la vida humana* (4 ediciones)

364. BERNARD SÈVE *El instrumento musical. Un estudio filosófico*

365. MARCUS DU SAUTOY *Lo que no podemos saber. Exploraciones en la frontera del conocimiento* (3 ediciones)

366. FRIEDRICH SCHILLER *Cartas sobre la educación estética de la humanidad* (3 ediciones)

367. MARIO PRAZ *El pacto con la serpiente. Paralipómenos de «la carne, la muerte y el diablo en la literatura romántica»*

368. DANIEL BARENBOIM & PATRICE CHÉREAU *Diálogos sobre música y teatro: «Tristán e Isolda»*

369. JACK TURNER *Las especias. Historia de una tentación* (5 ediciones)

370. PEDRO OLALLA *De senectute politica. Carta sin respuesta a Cicerón* (3 ediciones)

371. MAURICIO WIESENTHAL *La hispanibundia. Retrato español de familia* (4 ediciones)

372. NICOLA CHIAROMONTE *La paradoja de la historia. Cinco lecturas sobre el progreso: de Stendhal a Pasternak*

373. ALBERTO SAVINIO *Maupassant y «el otro»*

374. CHRISTOPH WOLFF *Mozart en el umbral de su plenitud. Al servicio del emperador (1788-1791)*

375. ZBIGNIEW HERBERT *El rey de las hormigas. Mitología personal*

376. STEFAN ZWEIG & FRIDERIKE ZWEIG *Correspondencia (1912-1942)*

377. TEJU COLE *Cosas conocidas y extrañas. Ensayos*

378. DORIAN ASTOR *Nietzsche. La zozobra del presente*

379. DANTE ALIGHIERI *Comedia* (7 ediciones)

380. PAOLO ZELLINI *Número y «logos»*

381. BRUNO MONSAINGEON *«Mademoiselle». Conversaciones con Nadia Boulanger* (4 ediciones)

382. LUCIANO BERIO *Un recuerdo al futuro*

383. ISABELLE MONS *Lou Andreas-Salomé. Una mujer libre*

384. MARQUÉS DE CUSTINE *Cartas de Rusia*

385. IAN BOSTRIDGE *«Viaje de invierno» de Schubert. Anatomía de una obsesión* (2 ediciones)

386. HANS OST *Rubens y Monteverdi en Mantua. Sobre el «Consejo de los dioses» del castillo de Praga*

387. MARC FUMAROLI *La extraordinaria difusión del arte de la prudencia en Europa. El «Oráculo manual» de Baltasar Gracián entre los siglos XVII y XX*

388. ANNA BEER *Armonías y suaves cantos. Las mujeres olvidadas de la música clásica* (2 ediciones)

389. FLORENCE DELAY *Alta costura*

390. ALAIN CORBIN *Historia del silencio. Del Renacimiento a nuestros días* (6 ediciones)

391. HUGH MACDONALD *Música en 1853. La biografía de un año*

392. FRANK DIKÖTTER *La tragedia de la liberación. Una historia de la revolución china (1945-1957)*

393. ADAM ZAGAJEWSKI *Una leve exageración*

394. JUAN ANTONIO MASOLIVER RÓDENAS *Desde mi celda. Memorias*

395. LEV TOLSTÓI *El camino de la vida* (3 ediciones)
396. OSCAR TUSQUETS *Pasando a limpio* (2 ediciones)
397. ROGER SCRUTON *El anillo de la verdad. La sabiduría de «El anillo del Nibelungo», de Richard Wagner*
398. IVO ANDRIĆ *Goya* (2 ediciones)
399. BERND BRUNNER *Cuando los inviernos eran inviernos. Historia de una estación* (2 ediciones)
400. JOSÉ MARÍA MICÓ *Primeras voluntades*
401. JOSEPH ROTH *Años de hotel. Postales de la Europa de entreguerras* (3 ediciones)
402. SIMON LEYS *Sombras chinescas*
403. UMBERTO PASTI *Perdido en el paraíso*
404. ISRAEL YEHOSHUA SINGER *De un mundo que ya no está*
405. STEFAN ZWEIG *Encuentros con libros* (5 ediciones)
406. MAURICIO WIESENTHAL *Orient-Express. El tren de Europa* (7 ediciones)
407. VÍCTOR GÓMEZ PIN *El honor de los filósofos* (3 ediciones)
408. MARCUS DU SAUTOY *Programados para crear. Cómo está aprendiendo a escribir, pintar y pensar la inteligencia artificial*
409. RAMÓN ANDRÉS *Filosofía y consuelo de la música* (4 ediciones)
410. ANTOINE COMPAGNON *La segunda mano o el trabajo de la cita*
411. RAFAEL ARGULLOL *Las pasiones según Rafael Argullol. Conversaciones con Fèlix Riera*
412. MICHEL DE MONTAIGNE *Diario del viaje a Italia. Por Suiza y Alemania (1580-1581)*
413. STEFAN ZWEIG *Jeremías. Poema dramático en nueve cuadros*
414. STEPHEN WALSH *Debussy: un pintor de sonidos*
415. *«The Paris Review». Entrevistas (1953-2012)* (3 ediciones)
416. IMRE KERTÉSZ *El espectador. Apuntes (1991-2001)*
417. MARÍA BELMONTE *En tierra de Dioniso. Vagabundeos por el norte de Grecia* (5 ediciones)
418. JOSEP MARIA ESQUIROL *Humano, más humano. Una antropología de la herida infinita* (3 ediciones)
419. MANUEL ARROYO-STEPHENS *Mexicana*
420. MANUEL DE SOLÀ-MORALES *Miradas sobre la ciudad*

421. REINER STACH *¿Éste es Kafka? 99 hallazgos*

422. LAURA J. SNYDER *El Club de los desayunos filosóficos. Cuatro notables amigos que transformaron la ciencia y cambiaron el mundo*

423. DONALD MITCHELL *El lenguaje de la música moderna*

424. YURI SLEZKINE *La casa eterna. Saga de la Revolución rusa* (3 ediciones)

425. STEFAN ZWEIG *Diarios* (3 ediciones)

426. MONIKA SZNAJDERMAN *Los falsificadores de pimienta. Una historia familiar*

427. ALESSANDRO BARBERO *Dante* (2 ediciones)

428. MAURICIO WIESENTHAL *El derecho a disentir* (3 ediciones)

429. STEFAN ZWEIG *Biografías*

430. YANNIS RITSOS *Helena*

431. JUAN ANTONIO MASOLIVER RÓDENAS *La plenitud del vacío*

432. FRANCISCO RICO *Una larga lealtad*

433. JESÚS DEL CAMPO *Panfleto de Kronborg*

434. ANTONIO MONEGAL *Como el aire que respiramos* (3 ediciones)

435. ARTHUR SCHOPENHAUER *Correspondencia escogida (1799-1860)*

436. PEDRO OLALLA *Palabras del Egeo. El mar, la lengua griega y los albores de la civilización* (4 ediciones)

437. MANUEL ASTUR *La aurora cuando surge* (2 ediciones)

438. ANTOINE COMPAGNON *Baudelaire, el irreductible*

439. ISABEL SOLER *Magallanes & Co.* (2 ediciones)

440. NUCCIO ORDINE *Tres coronas para un rey. La empresa de Enrique III y sus misterios* (2 ediciones)

441. DONALD FRANCIS TOVEY *Beethoven*

442. RICHARD STRAUSS & STEFAN ZWEIG *Correspondencia (1931-1935)*

443. MARÍA STEPÁNOVA *En memoria de la memoria* (2 ediciones)

444. ELISENDA JULIBERT *Hombres fatales. Metamorfosis del deseo masculino en la literatura y el cine* (2 ediciones)

445. BERTA ARES YÁÑEZ *«La leyenda del santo bebedor», legado y testamento de Joseph Roth*

446. NUCCIO ORDINE *Los hombres no son islas. Los clásicos nos ayudan a vivir* (6 ediciones)

447. MANEL OLLÉ *Islas de plata, imperios de seda. Juncos y galeones en los Mares del Sur* (2 ediciones)

448. MARCEL PROUST *Cartas escogidas (1888-1922)* (2 ediciones)

449. RAMÓN ANDRÉS *La bóveda y las voces. Por el camino de Josquin*

450. CHARLES BAUDELAIRE *Escritos sobre arte, literatura y música (1845-1866)*

451. THOMAS SPARR *Grunewald en Oriente. La Jerusalén germanojudía*

452. YURI ANDRUJOVICH *Pequeña enciclopedia de lugares íntimos. Breviario personal de geopoética y cosmopolítica*

453. STEFAN ZWEIG *Tres poetas de sus vidas. Casanova, Stendhal, Tolstói*

454. KARL SCHLÖGEL *Ucrania, encrucijada de culturas. Historia de ocho ciudades*

455. ADAM ZAGAJEWSKI *Verdadera vida*

456. HELENA ATTLEE *El violín de Lev. Una aventura italiana* (2 ediciones)

457. JOHN GAGE *Color y significado. Arte, ciencia y simbología* (2 ediciones)

458. MARCUS DU SAUTOY *Para pensar mejor. El arte del atajo* (2 ediciones)

459. DANIEL BARENBOIM *La música despierta el tiempo* (2 ediciones)

460. MARTA LLORENTE *Entre naturaleza y arquitectura. El remanso del jardín*

461. JEREMY DAUBER *El humor judío. Una historia seria*

462. AURORA LUQUE *Las sirenas de abajo. Poesía reunida (1982-2022)*

463. EDMUND DE WAAL *Cartas a Camondo*

464. JOSÉ MARÍA MICÓ *De Dante a Borges. Páginas sobre clásicos* (2 ediciones)

465. FRANK DIKÖTTER *Dictadores. El culto a la personalidad en el siglo XX* (2 ediciones)
466. BERND BRUNNER *La invención del norte. Historia de un punto cardinal*
467. GUNTHER SCHULLER *Los comienzos del jazz. Sus raíces y desarrollo musical*
468. FRANCESCO PETRARCA *Epistolario. Cartas familiares; Cartas de senectud; Cartas sin nombre; Cartas dispersas*
469. MARC FUMAROLI *«Mundus muliebris». Élisabeth Louise Vigée Le Brun, pintora del Antiguo Régimen femenino*
470. FRANZ KAFKA *«Tú eres la tarea». Aforismos* (2 ediciones)
471. VOLKER SPIERLING *«Nada es más asombroso que el hombre». Una historia de la ética desde Sócrates hasta Adorno*
472. MIGUEL ÁNGEL MARÍN *El «Réquiem» de Mozart. Una historia cultural* (2 ediciones)
473. MARÍA BELMONTE *El murmullo del agua. Fuentes, jardines y divinidades acuáticas* (3 ediciones)
474. JOSEP MARIA ESQUIROL *La escuela del alma. De la forma de educar a la manera de vivir* (2 ediciones)
475. BERND BRUNNER *Vivir en horizontal. Breve historia cultural de una postura*
476. MYRIAM MOSCONA *León de Lidia*
477. ANTONIO MONEGAL *El silencio de la guerra*
478. KARL SCHLÖGEL *El aroma de los imperios. Chanel Nº 5 y Moscú Rojo*
479. MAURICIO WIESENTHAL *Las reinas del mar. Memorias de una vida aventurera* (2 ediciones)
480. PAOLO PRODI *Séptimo: no robarás. Hurto y mercado en la historia de Occidente*
481. CHARLOTTE VAN DEN BROECK *Saltos mortales*
482. ALAIN CORBIN *«Terra incognita». Una historia de la ignorancia (siglos XVIII-XIX)*
483. STEFAN ZWEIG & ROMAIN ROLLAND *De un mundo a otro mundo. Correspondencia (1910-1918)*